Volume 2

FRUTAS
cores e sabores
DO BRASIL

Silvestre Silva

EDITORA EUROPA

Editora Europa
Rua MMDC, 121 – CEP 05510-900 – São Paulo, SP
Telefone (11) 3038-5050, Fax (11) 3038-5040
atendimento@europanet.com.br
www.europanet.com.br

EDITORA EUROPA

Editor e Publisher	Aydano Roriz
Diretor Executivo	Luiz Siqueira
Diretor Editorial	Roberto Araújo
Autor	Silvestre Silva
Editor	Manoel de Souza
Redação dos textos	Silvestre Silva e Christiane Fenyö
Revisão de texto	Mariane Genaro
Projeto gráfico	Beatriz Fonseca
Edição de arte	Beatriz Fonseca e Manoel de Souza
Digitalização de imagens	Andréa Gomes
Design da capa	Welby Dantas
Consultoria botânica	Valerio Romahn

Dados Internacionais de Catalogação na Publicação (CIP)
(Daniela Momozaki – CRB8/7714)

Silva, Silvestre
Frutas do Brasil: cores e sabores : volume 2 / Silvestre Silva --
São Paulo : Editora Europa, 2012.

ISBN: 978-85-7960-159-0

1. Frutas 2. Frutas – Brasil 3. Árvores Frutíferas 4.
Fotografia I. Silva, Silvestre II. Título

CDD 581.4640981

Comercial
Flávia Pinheiro - flaviapinheiro@europanet.com.br - (11) 3038-5100
Fabiana Lopes - fabiana@europanet.com.br - (11) 3038-5058

Promoção
Aida Lima - aida@europanet.com.br - (11) 3038-5118

Impressão e Acabamento: Prol

Uma luz na identidade brasileira

Nos anos que fiz parte da redação da **Revista Natureza** – e olha que foram muitos e muitos anos –, tive a chance de trabalhar com conceituados paisagistas, engenheiros, arquitetos e fotógrafos. Silvestre Silva foi um deles, e nunca escondi meu fascínio pelas imagens e histórias que ele sempre nos brindava em suas visitas à redação. Era um material diferenciado que eu imaginava como ficaria rico se reunido numa só coleção, com o didatismo tão comum das páginas da **Natureza**. Essa ideia me perseguiu por um bom tempo...

Um dia, finalmente consegui tempo para encaixar esse projeto na agenda e fui sugeri-lo ao Silvestre. Em um almoço muito divertido, ele e sua mulher Andréa Gomes gostaram da ideia de imediato e deixaram seu monstruoso arquivo de fotos à minha disposição. Fora que colocaríamos as experiências *in loco* que Silvestre teve esses anos todos, conhecendo e provando frutas que poucos brasileiros já viram ou souberam que existem.

Depois de acertamos os detalhes, calculei que terminaria o trabalho em seis meses. Que inocência! Gastamos mais de dois anos nessa imersão a "um Brasil que o Brasil não conhece", como dizia o slogan da novela *Pantanal*, para reunir os melhores registros de Silvestre nas últimas quatro décadas. No processo, o projeto inicial de um livro virou dois volumes, e muitas plantas entraram de última hora, fresquinhas das recentes viagens do fotógrafo.

Fiquei orgulhoso com o resultado e acredito que ele contribui para atestar nossa riqueza ecológica e cultural, reforçando as cores da identidade brasileira. Em teoria, não deveríamos precisar disso. Mas, infelizmente, não somos um povo muito bom de memória. Sorte termos profissionais como Silvestre Silva para nos lembrar do que temos e de quem somos.

Manoel de Souza
Editor

Mangueira fotografada em Bofete, SP

Inga cinnamomea

Ingá-açu, ingá-grossa, ingá-chinela

Família *Fabaceae*

Eles fazem parte daquelas frutas que podem ser consumidas ao natural. Os ingás têm uma polpa deliciosa e com formato parecido ao de balas. A colheita da árvore é farta, com muitas sementes doces, ideais para serem mascadas sem pressa, especialmente quando se navega nos belos rios amazônicos, sua região de origem. O ingá-açu ocorre principalmente nas margens barranceiras e várzeas dos rios Solimões, Negro, Tocantins, Tapajós, Branco e Pará. As inflorescências são compostas de flores tubulares perfumadas com longos estames brancos. Já os frutos são compostos por uma vagem que mede por volta de 23 cm de comprimento por 6 cm de largura. Cada fruto chega a pesar 400 g, apresenta por volta de 12 sementes, e a frutificação da espécie pode ocorrer mais de uma vez por ano, de novembro a janeiro e de março a maio.

O ingá-açu atinge entre 10 m e 15 m de altura nos pomares e até 30 m em seu hábitat. Seu tronco é grosso, e a copa, arredondada – às vezes, ela chega a ocupar parte das beiradas de rios. No cultivo, a frutífera precisa de sol pleno e clima tropical úmido. Sua propagação ocorre por sementes, que têm germinação rápida.

A frutificação do ingá-açu é farta e pode ocorrer duas vezes ao ano

Abaixo à esquerda, a árvore no Rio Solimões, em Iranduba, AM, e os frutos que parecem balas

Inga edulis

Ingá-cipó

Família *Fabaceae*

O fruto do ingá-cipó é o maior entre todos os ingás, mede de 50 cm a 1 m de comprimento e é muito doce. Embora seja amazônica, a planta também é encontrada no Nordeste e no Sudeste do Brasil, em regiões de Mata Atlântica. A árvore mede de 10 m a 15 m de altura e pode apresentar copa rala ou densa. As folhas compostas têm de quatro a seis pares de folíolos. Já as flores brancas, com numerosos estames, surgem em inflorescências terminais.

Tanto a floração quanto a frutificação ocorrem em épocas variadas e, em alguns casos, surgem duas vezes no mesmo ano. Porém, o período mais intenso vai de agosto a outubro. As sementes germinam rapidamente.

Acima, ingazeiro-cipó fotografado na Embrapa Amazônia Oriental, em Belém, PA. Abaixo, o fruto que surge entre agosto e outubro é conhecido por seu sabor muito doce

Inga sessilis

Ingá-ferradura, ingá-peludo

Família *Fabaceae*

Os frutos do ingá-ferradura chegam a 20 cm de comprimento

Originário do Sudeste e Sul brasileiros, o ingá-ferradura é encontrado nas encostas de Mata Atlântica e matas dos cerrados. A árvore tem esse nome devido à aparência curva dos frutos, que imita o ângulo de uma ferradura. Eles medem entre 10 cm e 20 cm de comprimento e de 2 cm a 3 cm de largura, e destacam-se também por inúmeros e minúsculos pelos escuros na parte superior da fruta. Suas sementes verde-escuras são envolvidas por uma polpa branca que parece algodão. A época de frutificação varia bastante conforme a região.

Com porte de até 25 m de altura, o ingá-ferradura tem tronco de até 60 cm de diâmetro na parte baixa e galhos geralmente tortuosos. Sua copa é ampla e arredondada ou irregular, com flores brancas de até 2,5 cm de comprimento. São polinizadas por morcegos e vários tipos de beija-flores, e a floração geralmente surge no verão.

Pode ser cultivado tanto sob sol pleno quanto meia-sombra, em clima tropical e subtropical e propaga-se por sementes, que devem ser plantadas logo após a retirada das vagens. Recomenda-se retirar a camada mucilaginosa que envolve as sementes. É uma espécie de germinação muito rápida.

Ingá-ferradura fotografado na região de Passa Quatro, na Serra da Mantiqueira, MG

Os frutos do *Inga vera* surgem entre dezembro e fevereiro...

Inga vera

Ingá

Família *Fabaceae*

Originário da Mata Atlântica do Sul e Sudeste do Brasil, o *Inga vera* é muito comum na beira de rios do Rio de Janeiro ao Rio Grande do Sul e também de Minas Gerais, onde atinge até 12 m de altura e apresenta tronco com até 30 cm de diâmetro ramificado desde a base. Sua copa é larga e produz boa sombra. Embora seja mais frequente junto a rios, também é cultivado em espaços abertos e amplos.

Entre agosto e novembro, as flores surgem em inflorescências axilares e hermafroditas, com estames longos e brancos. Os frutos, por sua vez, aparecem entre dezembro e fevereiro. São cilíndricos, medem de 4 cm a 7 cm de comprimento e são encobertos por uma densa pelugem de textura aveludada. Sua polpa branca e doce envolve as sementes. O ingá adapta-se bem aos climas tropical e subtropical e deve ser cultivado sob sol pleno. Sua propagação é feita por sementes que germinam rapidamente.

... e medem até 7 cm de comprimento. O conteúdo de sua vagem é adocicado

Ingá cultivado no Parque
Villa Lobos, em São Paulo, SP

Árvore cultivada no Viveiro Manequinho Lopes, no Parque do Ibirapuera, em São Paulo, SP

Jacaratia spinosa

Jaracatiá, mamãozinho-do-mato, mamoeiro-de-espinho, barrigudo

Família *Caricaceae*

Da mesma família do mamão, essa árvore de grande porte libera látex ao ser cortada ou ferida. É indicada para amplos espaços, pois atinge até 20 m de altura em seu hábitat e menos quando cultivada em jardim. Tem tronco grosso, com até 90 cm de diâmetro, que lhe rendeu o apelido de barrigudo. As folhas são brilhantes e têm folíolos semelhantes aos das folhas do mamão. Entre setembro e outubro, a árvore desenvolve flores masculinas e femininas na mesma planta.

Os frutos do jaracatiá podem ser ovais ou redondos e medem até 8 cm de comprimento e ficam amarelo-alaranjados quando maduros. Ao ser aberto, solta um látex branco – no interior do Nordeste, era costume apanhar a fruta ao anoitecer, deixá-la ao ar livre para "serenar" e consumi-la apenas no dia seguinte, depois que esse látex tivesse escorrido. Além de ser próprio para o consumo ao natural, o jaracatiá também é usado no preparo de compotas.

Pena que, nos dias de hoje, a espécie raramente é encontrada fora de jardins botânicos e reservas florestais. Típica de clima tropical quente e úmido, pode ser cultivada sob sol pleno ou meia-sombra e se reproduz por sementes.

Com até 7 cm de diâmetro, os frutos do jaracatiá são amarelo-alaranjados e soltam látex branco

Florada registrada na Esalq, em Piracicaba, SP. Abaixo, frutos no pé, que se abrem quando maduros

Do fruto da sapucaia, um músico paraense criou esse criativo bongô fotografado em Belém, PA

Lecythis pisonis

Sapucaia, cumbuca-de-macaco

Família *Lecythidaceae*

Na maior parte do ano, essa frondosa copa permanece verde. Porém, na época da floração – entre agosto e outubro –, a coloração muda para púrpura. As flores rosadas são muito perfumadas e nascem ao longo dos ramos. Os frutos, por sua vez, são ouriços grandes que, na Amazônia, podem pesar até 8 kg – na Mata Atlântica são menores. Eles se abrem quando maduros, deixando as sementes expostas para caírem. Por serem muito apreciadas por macacos, elas são popularmente chamadas de cumbuca-de-macaco. A semente da sapucaia tem gosto muito especial, semelhante ao de sua parente, a castanha-do-pará.

Típica das grandes florestas, essa árvore ornamental é originária da Amazônia e da Mata Atlântica. Mede até 40 m de altura, com tronco de 60 cm a 120 cm de diâmetro e densa copa que se destaca na paisagem. A espécie aprecia clima tropical úmido e se propaga por sementes.

Na região amazônica, cada fruto da sapucaia chega a pesar até 8 kg

A semente da sapucaia tem gosto parecido com o da castanha-do-pará. Abaixo, florada registrada na Esalq, em Piracicaba, SP

As flores rosadas e perfumadas da sapucaia formam um espetáculo que sempre se destaca na paisagem

Exemplares de oiti cultivados nas cidades de Autazes, AM (acima), e João Pessoa, PB

Licania tomentosa

Oiti

Família *Chrysobalanaceae*

Muito utilizada no paisagismo de vias públicas no Nordeste, principalmente na cidade do Recife, PE, essa frutífera apresenta porte médio de 15 m – em seu hábitat, chega a 25 m. Seu tronco de até 50 cm de diâmetro é coberto por uma casca áspera e cinzenta e, na mata, apresenta manchas esbranquiçadas causadas por líquens. As folhas apresentam até 12 cm de comprimento e 4,5 cm de largura, enquanto as flores brancas e hermafroditas nascem em cachos pendentes nas axilas das folhas no segundo semestre. Já os frutos, que surgem de janeiro a março, são drupas ovaladas de cor amarelo-alaranjada quando maduros. Medem cerca de 9 cm de comprimento e 5 cm de diâmetro e têm polpa amarelada e fibrosa que envolve a grande semente de cerca de 6 cm de comprimento.

O sabor do oiti não é muito agradável, e a parte comestível é pequena se comparada ao tamanho do fruto. Nativo da Mata Atlântica e de restingas, é encontrado de Pernambuco a Espírito Santo, com menos frequência no Rio de Janeiro e em Minas Gerais. A espécie pode ser cultivada em clima tropical ou tropical úmido, sempre sob sol pleno. Propaga-se por sementes que devem ser plantadas na sombra antes da muda ser transplantada para áreas de sol.

Brancas e hermafroditas, as flores do oiti surgem no segundo semestre do ano em cachos pendentes

Entre janeiro e março, o oitizeiro apresenta frutos amarelo-alaranjados com polpa amarelada e fibrosa

A lichia é uma árvore com copa densa e frutos saborosos, que surgem no verão. Abaixo, árvore da Fazenda Citra, em Limeira, SP

Litchi chinensis

Lichia

Família *Sapindaceae*

Cultivada no Sudeste, principalmente no estado de São Paulo, que é o principal produtor comercial no país, a lichia é uma espécie originária da China. Sua chegada ao Brasil data de 1810, e hoje são cultivadas dez variedades comerciais da frutífera, que produz grande quantidade de frutos ano sim, ano não e adapta-se bem tanto em pomares quanto em jardins.

A árvore mede de 4 m a 12 m de altura, é ramificada desde a base e apresenta copa densa. Suas folhas são verde-escuras, têm entre 6 cm e 12 cm de comprimento e de dois a quatro pares de folíolos. Já as pequenas flores amarelas surgem em cachos nos meses de agosto e setembro.

Muito apreciadas ao natural, ou em doces em calda, os frutos da lichia são drupas de casca fina, rugosa e coloração vermelha. Eles surgem em cachos verticais pendentes e amadurecem no verão. A polpa adocicada é gelatinosa, aquosa, translúcida e não aderente à semente. A produtividade varia conforme a região.

Típica de clima subtropical, a lichia precisa de sol pleno para melhor floração e frutificação. Propaga-se por sementes, por enxertia e alporquia.

O fruto da lichia tem polpa adocicada, gelatinosa e translúcida

Quando amadurecem, os frutos da macadâmia abrem-se naturalmente. Abaixo, árvore fotografada no IAC-Jundiaí, SP, e a florada da espécie

A macadâmia cresce verde e, conforme amadurece, fica castanha ou negra

Macadamia integrifolia

Macadâmia

Família *Proteaceae*

Nativa da Austrália, essa árvore foi introduzida no Brasil em 1931 e é produzida principalmente no estado de São Paulo. Mede entre 5 m e 18 m de altura e não tolera ventos fortes, pois seu sistema radicular é superficial. Por isso, em grandes cultivos, é recomendável plantá-la em áreas com quebra-vento ou não muito abertas.

Os frutos da macadâmia são ovoides e verdes em princípio, mas ficam castanho-escuros ou negros quando amadurecem. Têm um biquinho duro e abrem naturalmente quando maduros, expondo uma única castanha muito dura. A floração ocorre de julho a setembro, e a frutificação, de janeiro a junho.

Considerada por muitos as nozes mais saborosas do mundo, a castanha da macadâmia pode ser consumida crua ou tostada e salgada. Também é usada em bolos, tortas, doces e na produção de um azeite. A castanha apresenta casca dura e difícil de abrir manualmente. O ideal é usar uma morsa manual para abri-la sem triturar a noz em seu interior.

A macadâmia exibe copa densa e larga, que proporciona bastante sombra. Porém, pode ter seu crescimento conduzido para ficar menor ou com muitos galhos. As folhas duras, verde-escuras brilhantes e sem penugem medem de 10 cm a 20 cm de comprimento. Apresentam margem serreadas e pequenos espinhos. As flores brancas, perfumadas e delicadas surgem em inflorescências de 10 cm a 30 cm de comprimento que se formam nas axilas das folhas.

A macadâmia é típica de clima tropical, tolerante ao frio subtropical, e requer sol pleno para se desenvolver. A reprodução se dá por sementes ou enxertia, sendo a segunda técnica mais recomendada. A espécie foi batizada com o nome de macadâmia pelo botânico alemão Ferdinand Von Mueller (1825-1896), em homenagem a seu colega naturalista John Loudon McAdam, o inventor do asfalto.

Malpighia emarginata

Acerola, cereja-das-antilhas

Família *Malpighiaceae*

Hoje encontrada em todo o país, a acerola é uma fruta que chegou ao Brasil em 1956 e foi alvo de pesquisas da Universidade Federal Rural de Pernambuco. Com isso, esse arbusto originário das Antilhas logo se espalhou pelo território nacional, ganhando espaço em pomares domésticos, em jardins e até em áreas públicas. No paisagismo, também pode ser usada como cerca viva.

A frutífera atinge até 4 m de altura e tem copa densa e bastante ramificada que, em algumas épocas, apresenta flores e frutos ao mesmo tempo. As flores brancas e róseas surgem em grande quantidade dispostas em inflorescências durante quase todo o ano. Porém, a produção é mais intensa no verão. Os frutos são drupas com polpa carnosa ácida e têm três sementes pequenas aladas. São ricos em vitamina C – perdem apenas para o camu-camu, uma fruta típica da região amazônica – e muito ácidos. Podem ser consumidos ao natural ou na forma de polpa usada no preparo de sucos, geleias e compotas.

Característica de climas tropical e subtropical, a acerola requer sol pleno para florir e frutificar. Quando cultivada em regiões de frio intenso ou sujeitas a geadas, a produção é interrompida nesse período. A espécie propaga-se por sementes.

Como é de conhecimento geral, as acerolas são riquíssimas em vitamina C. Abaixo, a fruta vendida numa feira de João Pessoa, PB

O pé de acerola também é muito ornamental, conforme mostra esse jardim em Olinda, PE

Entre agosto e outubro, surgem as belas flores da macieira. A maçã-verde (abaixo) é uma variedade também muito apreciada no mercado

Malus domestica

Maçã

Família *Rosaceae*

Fácil de comer e disponível em diversos tamanhos, cores e sabores, a maçã é uma das frutas mais conhecidas no mundo e, atualmente, existem quase 7 mil cultivares. A macieira é originária da Europa e Ásia e já era cultivada pelos fenícios e cartagineses em 300 a.C. Pode chegar a 10 m de altura e apresenta tronco curto, bastante ramificado, e copa densa e arredondada. No inverno, perde as folhas. As flores rosa ou brancas surgem em grupos na parte terminal dos ramos, entre os meses de agosto e outubro. Já a frutificação começa em dezembro e estende-se até abril.

A macieira começou a ser cultivada comercialmente no Brasil em 1926 na região de Valinhos, SP. Em 1940, foi levada para Santa Catarina, onde o clima frio, com temperaturas abaixo de zero no inverno, favorece a dormência da árvore. As cidades de São Joaquim e Fraiburgo, ambas em Santa Catarina, são as maiores produtoras da fruta no Brasil, seguidas pelos municípios gaúchos de Vacaria e Bom Jesus do Rio Grande do Sul.

Típica de clima temperado, a macieira requer sol pleno para se desenvolver e propaga-se por sementes. Seus frutos podem ser consumidos ao natural ou usados no preparo de saladas, tortas, doces, espumantes e até vinagre. Uma curiosidade: a maçã colhida do pé não tem a beleza e o brilho vistos no comércio. Para ficar assim, ela passa por um processo de lavagem e recebe aplicação de cera de carnaúba.

Pomar de maçãs em Fraiburgo, SC. Os municípios de São Joaquim e Fraiburgo são os maiores produtores de maçã no Brasil

Neve cobre as macieiras no inverno de São Joaquim, SC: uma paisagem muito rara no Brasil

Com casca rugosa, os frutos do abricó-do-pará surgem quase o ano todo e apresentam polpa doce, fibrosa e adocicada. A árvore atinge até 25 m

Mammea americana

Abricó-do-pará, abricó-das-antilhas

Família *Clusiaceae*

Indicado para pequenos jardins, o abricó-do-pará é uma árvore originária das Antilhas e muito cultivada na região Norte do Brasil. O porte da espécie chega aos 20 m, com tronco ramificado desde a base e folhas de 10 cm a 20 cm de comprimento por 5 cm a 10 cm de largura. Ovaladas, elas proporcionam boa sombra.

Para ficar com tamanho reduzido e facilitar a coleta dos frutos, a espécie costuma ser podada. Suas flores podem ser amarelas ou brancas e surgir solitárias ou agrupadas. Algumas árvores podem ser dioicas, ou seja, apresentam flores femininas e masculinas. Já outras, ao contrário, podem ser hermafroditas.

Os frutos escuros surgem quase o ano todo. Medem entre 7 cm e 20 cm de diâmetro e podem pesar 1 kg. Apresentam casca grossa e rugosa, com cerca de 3 mm de espessura. A polpa é amarela, fibrosa, dura, levemente adocicada e envolve de uma a quatro sementes grandes. A quantidade de polpa é pequena, se comparada ao tamanho da fruta. Tanto as flores quanto os frutos surgem o ano todo em pequenas quantidades.

Os frutos podem ser consumidos ao natural ou usados no preparo de geleias, sorvetes e doces em compota. Nas Antilhas, as flores também são usadas na fabricação de um licor. O abricó-do-pará pode ser cultivado em clima tropical ou subtropical, sob sol pleno. Sua propagação é feita por sementes ou por enxertia.

Mangifera indica

Manga

Família *Anacardiaceae*

Nativa da Índia, a manga chegou ao Brasil no século 16 e se espalhou por todo o país. Adaptou-se tão bem que hoje o país é um grande exportador da fruta. Os maiores cultivos estão em Petrolina, PE, e em Juazeiro, BA, locais irrigados com água do Rio São Francisco.

A espécie costuma medir entre 12 m e 18 m. As inflorescências da mangueira são amarelas ou rosa, conforme a variedade, e compostas por flores masculinas ou hermafroditas. Já os frutos são drupas com peso entre 100 g e 1 kg. Só no Brasil, são cultivadas mais de 60 tipos de manga, umas mais outras menos doces, de cores variadas – amarelas, rosadas, esverdeadas –, forma redonda, alongada ou ovalada e de polpa com ou sem fibra. Atualmente, é possível obter frutos o ano todo, mas a produção mais intensa decorrente das mangueiras cultivadas Brasil afora ocorre entre novembro e fevereiro.

Típica de clima tropical úmido, a mangueira deve se cultivada sob sol pleno. Propaga-se por sementes e por enxertia – esse segundo método é mais recomendado, pois a planta mantém as características da planta-mãe e começa a produzir mais cedo. Uma curiosidade: a cidade de Belém, no Pará, é chamada de Cidade das Mangueiras, devido ao hábito dos habitantes e da prefeitura local de cultivar essas árvores. As primeiras foram plantadas na Praça da República, onde até hoje está o Túnel das Mangueiras. Na região, é possível encontrar mangueiras seculares com até 35 m de altura.

Manga-rosa cultivada em Recife, PE, e a planta em seu porte esplendoroso no município de Bofete, SP

As mangas rosa e espada estão entre as mais cultivadas no Brasil. Abaixo, mangas na Praia de Candeias, Recife, PE, e Mercado Ver o Peso, em Belém, PA

A florada da mangueira geralmente é amarela ou rosada. A frutífera é a principal vegetação de Belém, PA, caso do Teatro da Paz, local cercado por mangueiras

O sapoti é conhecido por seus frutos ásperos que surgem mais de uma vez ao ano

Manilkara zapota

Sapoti, sapota

Família *Sapotaceae*

Originário da América Central e do México, o sapoti já era apreciado por maias e astecas no período pré-colombiano. Com polpa farta e sabor adocicado, a fruta pode ser consumida ao natural ou usada no preparo de doces e licores. A espécie frutifica mais de uma vez ao ano, e seus frutos são bagas arredondadas ou ovais, de cor marrom-ferrugem e casca áspera. A polpa é amarelada e envolve de quatro a dez sementes negras.

A árvore mede entre 10 m e 20 m de altura, apresenta copa larga e é lactescente – solta látex. No passado, essa substância era ingrediente na produção de goma de mascar, mas foi substituída por produtos sintéticos. Muito comum no Nordeste do Brasil, a espécie adapta-se bem a terrenos arenosos. As folhas, que surgem no final dos ramos, são coriáceas, de cor verde brilhante e têm entre 5 cm e 15 cm de comprimento. As flores, por sua vez, são amareladas, hermafroditas e se formam nas axilas das folhas. No Nordeste, surgem de outubro a dezembro.

É possível cultivar a planta em clima tropical ou subtropical, sob sol pleno. Sua propagação é feita por sementes ou enxertia – o segundo método é mais indicado porque a muda mantém as características da planta-mãe e começa a produzir mais cedo.

Acima, sapoti no Parque da Jaqueira, em Recife, PE. O interior da fruta tem uma polpa amarelada apreciada ao natural ou para fazer doces

Buritis no Mangal das Garças, em Belém, PA. Os frutos dessa palmeira surgem ao longo do ano e são ricos em vitamina C

Mauritia flexuosa

Buriti, miriti

Família *Arecaceae*

Com porte de até 35 m de altura, o buriti é uma das mais altas palmeiras brasileiras. É originário da Amazônia e encontrado em todos os estados daquela região e também no cerrado brasileiro. Cresce em áreas inundadas, brejos e beiradas de rios, lagos, lagoas e córregos, onde segue o curso das águas formando veredas. Embora seja uma palmeira solitária, forma grupos nas regiões amazônicas e no cerrado, originando os famosos buritizais. É uma palmeira dioica, que compreende flores masculinas e femininas em plantas separadas.

As inflorescências do buriti medem de 2,5 m a 3 m e são compostas por pequenas flores amarelas e vistosas dispostas em cachos. Tanto as flores quanto os frutos da espécie surgem ao longo do ano, com maior ocorrência no segundo semestre. Cada buriti produz de cinco a oito cachos por ano, cada um com 500 a 1.000 frutos. Ricos em vitamina C, são usados na fabricação do vinho de miriti, uma bebida semelhante ao açaí. Na região amazônica, também são consumidos na forma de mingau, sorvete e creme.

No Piauí, é fabricado o doce de buriti, uma barra parecida com a rapadura e que é embalada em uma caixinha confeccionada com pecíolos do buriti. A amêndoa do buriti, por sua vez, é usada na fabricação de um óleo comestível semelhante ao de oliva, muito usado pelas indústrias farmacêuticas e de cosméticos.

O buriti precisa de muita luz e desenvolve-se bem em clima tropical úmido e quente. A propagação ocorre por sementes. As populações nortistas extraem o buriti e aproveitam toda a palmeira. No Pará, o pecíolo é usado na confecção de brinquedos de miriti – peças decorativas, utilitárias e brinquedos feitos para a maior festa religiosa do país, o Círio de Nazaré

Acima, buritis em rio da cidade de Presidente Figueiredo, AM. Abaixo, florada do buriti e artesanato indígena criado com as folhas da palmeira

Myrcianthes punges

Guabiju

Família *Myrtaceae*

Uma das mais saborosas frutas de sua família, ela apresenta polpa adocicada que pode ser consumida ao natural ou usada no preparo de geleias e doces. Originária da região que engloba de São Paulo ao Rio Grande do Sul e também Bolívia, Paraguai, Argentina e Uruguai, o guabiju é considerado raro. Atinge 25 m de altura, apresenta tronco retilíneo e bastante ramificado, com 60 cm de diâmetro. Sua copa é densa, e uma das características da espécie é a presença de cascas lisas de coloração bege ou amarelada, que se soltam desde as raízes. A espécie também pode ser cultivada como bonsai.

As folhas do guabiju são simples, coriáceas ou duras. Medem de 3 cm a 7 cm de comprimento e são fáceis de identificar: apresentam um espinho pontiagudo na ponta do ápice acuminado e têm coloração vermelha quando jovens. As flores brancas são sustentadas por um pecíolo longo e podem surgir solitárias ou em grupos de duas ou três. São hermafroditas e contam com inúmeros estames. Os frutos em forma de baga são globosos, negros e aveludados quando maduros. Medem até 12 mm de diâmetro, têm pedúnculo longo, coroa saliente e são fáceis de abrir. A polpa sucosa, doce e esbranquiçada envolve uma ou duas sementes.

A guabiju se adapta bem aos climas subtropical e tropical e aprecia sol pleno. Propaga-se por sementes, que devem ser plantadas logo após a colheita dos frutos, sob meia-sombra ou sombra. A germinação ocorre em menos de dois meses. A floração começa no início da primavera, em setembro, e a frutificação vai de dezembro a abril. A quantidade de frutos pode ser farta em um ano e fraca no ano seguinte.

Guabiju na Fazenda Citra, em Limeira, SP

Os frutos da guabiju são aveludados e pequenos – medem por volta de 12 mm de diâmetro

Morinda citrifolia

Noni, morinda

Família *Rubiaceae*

Essa espécie nativa do sudeste asiático foi introduzida recentemente no Brasil e é cultivada principalmente no Norte e Nordeste. Trata-se de um arbusto com porte entre 2 m e 6 m de altura. Suas folhas apresentam entre 15 cm e 30 cm de comprimento e coloração verde-escura. São brilhantes na parte superior, contam com nervuras bem definidas e pecíolo curto. As inflorescências podem surgir isoladas ou em grupos e se formam em capítulos axilares. São compostas por flores hermafroditas e brancas que surgem ao longo de todo o ano, sendo polinizadas por abelhas.

Os frutos, que surgem em maior quantidade no verão, medem de 4 cm a 10 cm, têm casca irregular, fina e lisa, e são relativamente fáceis de abrir. Quando maduros, apresentam coloração amarelo-clara e polpa esbranquiçada e carnosa, com forte odor e numerosas sementes aladas pretas.

A polpa pode ser consumida crua ou cozida com sal. Porém, devido ao cheiro forte, geralmente é misturada a outras frutas. Já as sementes costumam ser comidas depois de assadas. Do tronco do noni é extraída uma cera que, em alguns países, é usada para pintar tecidos. Embora muita gente considere o noni uma fruta com propriedades medicinais, até o momento não existe literatura científica que comprove seus benefícios.

O noni é uma planta asiática com frutas carnosas e com odor forte. São comercializados nas proximidades do Mercado de São José, em Recife, PE

Morus nigra

Amora

Família *Moraceae*

Flores e frutos da amora, planta muito comum em parques e jardins

Os saborosos frutos da amoreira já são um motivo mais do que suficiente para incentivar seu cultivo. Porém, os produtores de bicho-da-seda costumam plantá-la com outra finalidade: as folhas da planta são o principal alimento desses insetos. Originária da China e do Japão, a espécie é largamente cultivada no Brasil, onde é encontrada principalmente em parques e jardins. A amoreira mede entre 7 m e 12 m de altura e é ramificada desde a base. Pode apresentar tronco curto e copa ampla ou tronco retilíneo e copa densa. As flores se formam nas axilas das folhas dos ramos jovens entre os meses de julho e agosto, isoladas ou em grupos.

Os frutos, por sua vez, são carnosos e apresentam bastante líquido de coloração roxo-avermelhada. Eles se formam a partir de setembro e são muito apreciados por aves. Podem ser consumidos ao natural ou usados no preparo de geleias, doces, sorvetes, mousses, tortas, compotas e refrescos. A amoreira desenvolve-se bem em clima tropical e subtropical e precisa de muita luz para florir e frutificar. A propagação é feita por estaquia.

Amoreira no Parque Villa Lobos, em São Paulo, SP

Os frutos da calabura são doces e costumam ser colhidos em setembro. A árvore pode chegar a 12 m de altura

Muntingia calabura

Calabura, cereja-do-paraná, pau-de-seda

Família *Muntingiaceae*

Encontrada na região que vai do México à Colômbia, essa árvore perene chegou ao Brasil em 1962. Ela mede entre 4 m e 12 m de altura, é muito ramificada desde a base e tem curta longevidade. A espécie têm galhos longos na posição horizontal e copa densa, proporcionando boa sombra. É indicada para pequenos e médios espaços em jardins e costuma ser usada no paisagismo público das regiões Sul e Sudeste do Brasil. Além disso, por apresentar crescimento rápido, costuma ser usada na recuperação de áreas devastadas e de reflorestamento.

As folhas da calabura são simples, serrilhadas nas laterais e aveludadas na face inferior. As flores, por sua vez, contam com cinco pétalas brancas e se formam nas axilas das folhas, surgindo isoladas ou em grupos. Elas são sustentadas por um pedúnculo longo e polinizadas por abelhas. A floração ocorre no princípio do inverno, a partir de junho ou julho.

Já os frutos maduros podem ser colhidos a partir de setembro e são compostos por bagas globosas e pendentes, com pedúnculo longo. Medem até 1,5 cm de diâmetro, apresentam casca lisa, de cor vermelha brilhante quando maduros, e geralmente são consumidos ao natural, embora também sejam usados no preparo de geleia. A polpa fina e esbranquiçada, muito doce, envolve de 2 mil a 4 mil minúsculas sementes.

A espécie é característica de clima tropical e precisa de muita luminosidade. Propaga-se por sementes ou estaquia e cresce rapidamente. Após dois ou três anos, já é possível colher os primeiros frutos, embora nessa fase a produção seja pequena.

O amadurecimentos da banana pode ocorrer no próprio pé ou depois que o cacho é cortado

Musa x paradisiaca

Banana

Família *Musaceae*

Ela é uma das frutas mais consumidas em todo o mundo. Fácil de cultivar, de apanhar e de comer, a banana pode ser colhida ainda verde, pois continua o processo de amadurecimento mesmo depois de retirada do pé. Além disso, é rica em calorias, água, potássio, fósforo, carboidrato, vitamina C, cálcio e proteína. Especula-se que a banana seja nativa do sudeste asiático, mas é certo que chegou ao Brasil no século 15 e se espalhou pelo país. Tanto que hoje são cultivadas mais de 20 variedades em território nacional. Entre as principais, estão a comprida ou da-terra, a maçã, a nanica, a ouro, a pacovan, a prata, a roxa e a são-tomé.

Essa herbácea de porte arbóreo tem caule único suculento, formado por bases superpostas das folhas grandes. Pode medir de 1 m a 3 m de altura, conforme a variedade. Os rizomas brotam ao mesmo tempo, gerando a moita de bananeira. As flores pequenas e em forma de espiga podem ser masculinas, femininas ou hermafroditas. Surgem em séries a partir do chamado coração da bananeira. O cacho com pencas de banana se forma uma única vez ao longo da vida da planta. O tamanho e a coloração do fruto dependem da variedade da planta. Típica de clima tropical e subtropical, a bananeira não suporta geadas e propaga-se por divisão de rizomas.

Além de consumida ao natural, a banana é utilizada no preparo de diversos pratos. O virado à paulista, servido às segundas-feiras em muitos bares e restaurantes paulistanos, leva banana frita em sua composição. Já no litoral norte paulista é famoso o azul-marinho, um prato feito com banana verde e postas de peixe. Em Manaus, AM, é fácil encontrar um mingau feito de banana, leite e aveia servido em copos descartáveis. Outra iguaria brasileira é a cachaça destilada de banana.

A banana faz parte do imaginário da cultura nacional. Há quem acredite que, quando uma bananeira não quer produzir cacho, um homem deve abraçá-la bem apertado. Outro mito popular é o de que, na noite de 12 para 13 de junho, dia de Santo Antônio, as moças devem espetar uma faca no caule antes da meia-noite e deixá-la no local até o dia seguinte. Ao ser retirada, a faca mostra as iniciais do nome do homem com quem a mulher se casará.

Bananal na cidade de Presidente Figueiredo, AM

Bananeira integrada ao paisagismo em casa do bairro paulistano do Sumaré

A gema epical divide-se em duas partes ou mais, gerando mais de um cacho por planta. Acima, bananas no Mercado de Belo Horizonte, MG. Abaixo, a banana ainda verde e uma brotação surgindo no tronco da planta

A banana é uma das frutas mais comercializadas no Brasil. Exemplos não faltam: acima, Mercado de Boa Vista, RR. Abaixo, feira de Belém do Pará, PA, e barraquinha em Natal, RN. Até na decoração, os cachos são apreciados, como nesse hotel de selva, em Careiro Castanho, AM

Há dezenas de variedade de banana disponíveis no Brasil, como a banana-prata (acima), banana-roxa (abaixo) e nanica (à direita)

Myrciaria aureana

Jabuticaba-branca

Família *Myrtaceae*

Originária da Mata Atlântica, provavelmente da região da Zona da Mata e de Rio Doce, em Minas Gerais, essa árvore mede de 2 m a 5 m de altura e é bastante ramificada. Seu tronco de coloração amarelada desenvolve cascas que se renovam constantemente. Já as folhas, que medem de 6 cm a 11 cm de comprimento, são coriáceas ou duras, brilhantes na parte superior e com pelugem esbranquiçada na parte inferior. Elas são avermelhadas quando jovens e, ao serem maceradas, exalam um odor característico.

As flores são parecidas com as de outras jabuticabas e se aglomeram nos troncos e ramos da árvore. Hermafroditas, brancas e perfumadas, elas surgem em setembro e outubro. Já a frutificação ocorre em janeiro e fevereiro, com mais intensidade ano sim, ano não. Apesar do nome, quando madura, a jabuticaba-branca não fica dessa cor e sim verde-clara. Cada fruto mede de 2 cm a 3 cm e apresenta casca mais consistente que a da jabuticaba comum, rugosa e com suaves estrias longitudinais. A fruta tem sabor doce e suave, diferente do da jabuticaba comum, e costuma ser consumida ao natural.

A jabuticaba-branca pode ser cultivada sob sol pleno ou meia-sombra, em clima tropical ou subtropical. Propaga-se por sementes, estaquia ou alporquia e, se bem cuidada, começa a produzir em quatro ou cinco anos. O primeiro relato sobre a espécie foi publicado em 1830 por Auguste Saint-Hilare no livro *Viagem pelas Províncias do Rio de Janeiro e Minas Gerais*. Porém, foi só em 1976 que o engenheiro-agrônomo João Rodrigues de Mattos – um estudioso apaixonado pelas espécies silvestres brasileiras, especialmente as mirtáceas, família à qual pertence essa fruta – descreveu a planta usando como base o material coletado em 1963 por Áurea Bordo, funcionária do Instituto de Botânica de São Paulo. Por isso, a espécie recebeu o nome científico de *Myrciaria aureana*.

Apesar de chamada de "branca", essa curiosa jabuticaba é verde-clara. Destaca-se por sua casca rugosa e sabor suave

Myrciaria cauliflora

Jabuticaba

Família *Myrtaceae*

Ela é uma das frutas que mais intrigam os estrangeiros, pois, na época de frutificação, toda a árvore, da raiz aos galhos mais finos, fica coberta por frutos negros e brilhantes. Embora os leigos pensem que existe apenas uma jabuticaba, na verdade há mais de uma dezena de variedades e espécies dessa fruta tipicamente brasileira, e todas muito saborosas.

A jabuticabeira pode medir entre 3 m e 9 m de altura, desenvolve tronco curto e bastante ramificado desde a base. É indicada para praticamente todo tipo de ambiente – dos jardins grandes aos pequenos, podendo também ser cultivada em vasos e como bonsai. É uma espécie muito comum principalmente no Sudeste do Brasil, onde é encontrada em pomares, jardins residenciais, empresariais e até em praças e avenidas.

As flores da jabuticabeira se aglomeram por toda a planta. São brancas, pequenas e perfumadas e se formam de agosto a setembro. Já de setembro a novembro ocorre a frutificação. Quando maduros, os frutos globosos têm casca negra, amarronzada, avermelhada ou púrpura, dependendo da espécie. É uma casca fina, lisa, fácil de abrir quando pressionada, e que secreta a polpa branca e adocicada que envolve pequenas sementes. A espécie gosta de clima quente e deve ser cultivada sob sol pleno ou meia-sombra. Propaga-se por sementes.

A jabuticaba pode ser consumida ao natural ou usada no preparo de doces, compotas, licores, geleias, sorvetes, picolés, vinho e até cachaça. Nas décadas de 1950 e 1960, o sitiante José Antunes de Oliveira, que vivia em Diadema, SP, enchia meio garrafão com cachaça e o restante com jabuticabas. Depois arrolhava a garrafa, lacrava com cera quente e enterrava debaixo da jabuticabeira, para só retirar um a dois anos depois. O resultado era uma bebida parecida com o conhaque.

Outras jabuticabas

Myrciaria coronata
Conhecida como jabuticaba-de-coroa ou jabuticaba-coroada. Como o nome indica, os frutos apresentam uma coroa que cai com facilidade depois de seca.

Myrciaria grandifolia
Chamada de jaboticatuba ou jabuticaba-graúda, é a maior de todas as jabuticabas.

Myrciaria jabuticaba
É a espécie mais cultivada no Brasil e tem vários nomes: jabuticaba-pingo-de-mel, jabuticaba-sabará ou jabuticaba-rajada. É pequena, doce e tem casca fina.

Myrciaria trunciflora
Denominada jabuticaba-de-cabinho ou jabuticaba-de-penca, como o nome diz, apresenta cabinhos nas frutas.

Jabuticabeira na Fazenda Santa Gertrudes, em Morungaba, SP

Na *Myrciaria trunciflora*, os frutos da jabuticabeira surgem em cabinhos. A ramagem costuma ficar coberta de branco durante a floração e de negro quando surgem os saborosos frutos

Camu-camu: polpa ácida e alto teor de vitamina C

Myrciaria dubia

Camu-camu, caçari

Família *Myrtaceae*

Típico de regiões úmidas e alagadas, o camu-camu é um arbusto nativo dos estados do Amazonas, Pará, Rondônia e Roraima, e também do Peru, Colômbia, Venezuela e Bolívia. Ele mede de 2 m a 4 m de altura, tem frutos de coloração parda e, nas praias do Rio Negro, AM, na época das cheias, passa de três a cinco meses por ano com 40% de seu caule submerso.

As folhas são simples, opostas, verdes brilhantes e com ápice acuminado. As flores brancas e hermafroditas se formam nas axilas das folhas isoladas ou em grupos e podem apresentar mais de 100 estames. Surgem entre setembro e outubro. A frutificação, por sua vez, ocorre em fevereiro e março, época das cheias na Amazônia.

Os frutos de 2,4 cm de diâmetro são bagas globosas esverdeadas, mas, quando maduros, ficam rosa-púrpuros ou roxos. Apresentam casca lisa e fina e polpa branca, ácida, com uma a quatro sementes. O camu-camu é a fruta com maior teor de vitamina C já descoberta. Apresenta sabor ácido, principalmente quando cultivado em regiões alagadas e é muito azedo para o consumo ao natural. Por isso, é usado geralmente em refrescos, doces e geleias. A espécie aprecia clima tropical úmido e deve ser cultivada sob sol pleno. Sua propagação é feita por sementes ou enxertia.

Acima, camu-camu em pomar da Embrapa Amazônia Oriental, em Belém, PA. A espécie costuma ser encontrada em locais alagados, como na região do Rio Negro, em Manaus, AM, onde muitas vezes é preciso usar barcos para colher os frutos

Os frutos surgem em fevereiro e março e, quando maduros, ficam roxos. Abaixo, a flor do camu-camu e suco da fruta, uma bebida comum em Manaus, AM

Nephelium lappaceum Rambutan, rambotão Família *Sapindaceae*

O rambutan tem gosto e aparência semelhantes ao da lichia e costuma ser usado na preparação de doces em caldas. A árvore é originária da Malásia e chega a atingir entre 10 m e 15 m de altura. Tem copa densa e folhas verde-escuras na face superior e verde-claras na face inferior.

A espécie é dioica, com flores masculinas e femininas em plantas separadas. Já as variedades são hermafroditas e mais fáceis de cultivar – na Ásia, existem mais de 200 variedades. São amarelas, pequenas e surgem entre os meses de dezembro a fevereiro, agrupadas em inflorescências nas pontas dos ramos. Os frutos, por sua vez, são drupas ovaladas de casca vermelha intensa ou amarela, com falsos espinhos pontiagudos e macios. Abrir os frutos é fácil: basta comprimi-lo para que a polpa branca e mole seja exposta e possa ser consumida ao natural. A frutificação ocorre de março a maio, podendo adiantar ou atrasar conforme o índice pluviométrico da região.

O rambutan ainda é cultivado em poucas regiões, em especial nos estados do Pará e da Bahia. A planta é típica de clima tropical e requer sol pleno para desenvolver-se. Propaga-se por sementes ou enxertia – o segundo método é mais indicado porque permite obter uma planta com as mesmas características da árvore-mãe e produzir frutos mais cedo.

Floração e frutificação do rambutan, uma frutífera muito interessante, mas ainda pouco cultivada em nosso país

Oenocarpus bacaba

Bacaba, bacoba-de-leque, bacoba-açu

Família *Arecaceae*

Com porte entre 5 m e 20 m de altura, essa palmeira é muito parecida com a bacaba-de-leque, a bacabinha e a bacabi. O que diferencia as espécies é o tamanho e a forma do caule. Enquanto o da bacaba tem até 25 cm de diâmetro, apresenta marca dos anéis das folhas e crescem solitários, os da bacabinha são finos e crescem em touceiras. O caule da bacabi, por sua vez, pode crescer isolado ou em touceiras. Todas as espécies são nativas da Amazônia e são usadas na fabricação do vinho de bacaba, um produto muito consumido na região, a exemplo do vinho do açaí.

As flores da bacaba surgem em inflorescências em forma de cachos com cerca de 200 ramos ou raques. Têm coloração amarelada, mas, com o passar do tempo, ficam vermelhas. Existe uma flor feminina para cada duas flores masculinas. Os frutos formam-se em cachos com cerca de 1,5 m de comprimento e lembram o açaí – têm casca roxa-escura, são arredondados e cobertos por cerume esbranquiçado. Produzidos justamente na entressafra do açaí – entre os meses de julho e outubro –, a bacaba é um ótimo substituto.

O vinho de bacaba é preparado manualmente ou pela mesma máquina que processa o açaí. Trata-se de uma bebida cremosa e com teor de óleo mais alto que o do açaí. Os amazônidas costumam consumi-lo misturado com farinha de mandioca. Outro produto artesanal preparado a partir da fruta é o óleo de bacaba, que se assemelha ao de oliva.

A bacaba deve ser cultivada em clima tropical úmido, sob sol pleno. Por ser muito resistente, seu tronco é usado como madeira pelas populações ribeirinhas da Amazônia. Já o caroço do fruto é usado na produção de artesanato e joias.

A palmeira bacaba e seus cachos coloridos. Dos frutos escuros, é feito o vinho de bacaba, uma bebida cremosa e muito comum na região amazônica

A oliveira, que floresce entre abril e julho, é cultivada na cidade de Maria da Fé, no sul de Minas Gerais

Olea eropaea

Oliveira, azeitona

Família *Oleaceae*

Conhecida há milhares de anos, essa árvore é citada em inúmeros textos antigos, inclusive na Bíblia. Ela aparece no Gênesis (capítulo 8, versículo 11), na passagem em que uma pomba traz a Noé uma folha de oliveira, indicando que as águas do dilúvio haviam baixado, e no Novo Testamento, no episódio em que Jesus transmite alguns de seus ensinamentos no Monte das Oliveiras. Acredita-se que a oliveira seja uma das árvores cardinais do calendário celta e que Rômulo e Remo, descendentes dos deuses fundadores de Roma, teriam visto a luz do dia pela primeira vez através dos galhos da oliveira.

Nativa da Bacia do Mar Mediterrâneo, a espécie pode atingir 20 m de altura em seu hábitat. Quando cultivada, fica com o tronco baixo, grosso e tortuoso, e com copa variável devido às podas para facilitar a colheita dos frutos.

A oliveira tem crescimento lento e ciclo de vida muito longo. Em Portugal e na Espanha, existem árvores com idade entre 300 e 2 mil anos, enquanto em Israel é possível encontrar oliveiras ainda mais velhas. As folhas coriáceas da espécie são verdes na face superior e acinzentadas com textura aveludada na face inferior. Já as flores pequenas e branco-amareladas surgem em inflorescências em forma de espádices de tamanho variável. Cada inflorescência pode ter de 10 a 40 flores hermafroditas com quatro sépalas e três pétalas. A floração ocorre de abril a julho, e a frutificação, no verão.

Típica de clima subtropical árido, a oliveira requer sol pleno e se propaga por sementes. No Brasil, ela é produzida em Maria da Fé, no sul de Minas Gerais, uma região montanhosa onde, no inverno, as temperaturas atingem índices baixíssimos, favorecendo a dormência da espécie. Tempos atrás, ela também já foi muito cultivada em Campos do Jordão, SP, porém atualmente é difícil encontrar árvores centenárias na região.

Por ser muito ornamental, a oliveira é uma boa opção para jardins, como esse em Lisboa, Portugal. Abaixo, as duas fases dos frutos: verdes e maduros

Opuntia ficus-indica Figo-da-índia, palma Família *Cactaceae*

Apesar do nome popular, ele nada tem a ver com o figo tradicional. Trata-se de uma espécie de origem incerta, provavelmente do México, típica de clima tropical e subtropical árido. Precisa de sol pleno para se desenvolver. O figo-da-índia é um arbusto que mede até 6 m de altura, é bastante ramificado e composto por palmas, segmentos carnosos, achatados, com ou sem espinhos. As flores amarelas brilhantes ou alaranjadas são hermafroditas, medem de 7 cm a 10 cm de diâmetro e surgem isoladas na parte superior das palmas. Tanto as flores quanto os frutos surgem durante todo o ano, mas com maior intensidade no verão.

Os frutos do figo-da-índia são bagas suculentas fáceis de abrir – basta comprimi-las. Eles apresentam casca amarela quando maduros, com ou sem espinhos. Já a polpa adocicada é amarelada ou lilás, conforme a variedade, e envolve minúsculas sementes comestíveis.

A propagação é feita por sementes ou por brotação dos segmentos, e o arbusto é muito usado como cerca viva. Seus frutos, inclusive, servem de alimento para bovinos e caprinos. No interior do Nordeste, a fruta é usada no preparo de um prato chamado cortado de palma.

É preciso atenção ao manusear o figo-da-índia, pois existem minúsculos e afiados espinhos na parte externa. Abaixo, a flor e o porte escultural da planta

Pouquíssimos brasileiros conhecem o cacao-selvagem

Pachira insignis

Cacao-selvagem, carolina, castanheira-das-guianas

Família *Malvaceae*

O cacao-selvagem é encontrado basicamente na região amazônica, onde ocorre na floresta pluvial de terra firme e ocasionalmente nas partes alagadas periodicamente. Própria para paisagismo, a árvore atinge entre 10 m e 20 m de altura e apresenta copa vistosa, com tronco ereto que mede até 60 cm de diâmetro.

As flores do cacao-selvagem são grandes e belíssimas, com pétalas e sépalas vermelhas na parte interna e numerosos estames também avermelhados. São formadas na parte terminal dos ramos imitando fitas vermelhas, com destaque na árvore repleta de folhas verde-escuras. O fruto é uma cápsula grande e lenhosa, de cor escura e deiscente, ou seja, abre por si só com o calor. Pode pesar até mais de 3 kg e dentro traz deliciosas sementes de diversos formatos. A floração ocorre entre setembro e novembro, e a frutificação, a partir de janeiro e fevereiro quando as sementes estão maduras. As sementes podem ser consumidas ao natural, torradas ou assadas.

Uma característica da planta é a rápida germinação de suas sementes que ocorre em até 15 dias após caírem ao solo. É comum encontrar sementes germinando até dentro da cápsula recém-caída. O aproveitamento da germinação é de quase 100%, e o crescimento da árvore costuma ser rápido. Como as sementes do cacao-selvagem não costumam ser consumidas pelas populações da floresta nem das cidades, a espécie raramente é encontrada em mercados e feiras. Apenas viajantes e andantes das matas, rios, igarapés e lagos amazônicos conhecem essa iguaria.

As flores da frutífera surgem entre setembro e novembro. Pouco depois, em janeiro, é a vez dos frutos aparecerem

Passiflora edulis / Passiflora alata

Maracujá

Família *Passifloraceae*

Originário da América Tropical, o maracujá conta com 500 espécies existentes, das quais cerca de 150 são encontradas no Brasil, além de dezenas de variedades e híbridos. Porém, apenas em torno de 60 produzem frutos comestíveis. As demais são usadas só como plantas ornamentais.

O cultivo comercial está restrito a duas espécies: o *Passiflora edulis* e o *Passiflora alata* (chamado de maracujá-doce). O primeiro tem no Brasil o maior produtor mundial e conta com muitas variedades – a de casca amarela é a principal, seguida pela de casca roxa, parda e quase negra. A produção comercial concentra-se nas regiões Nordeste, Sudeste e em escala menor no Norte. Porém, a espécie pode ser encontrada em pomares de todo o país. Já o maracujá-doce ou maracujá-amarelo é consumido ao natural e, embora conte com produção comercial, é mais encontrado em pomares e jardins, além de matas ralas espalhadas por todo o país.

O maracujá é uma trepadeira de curta longevidade, dotada de gavinhas – um tipo de estrutura vegetal que a planta usa para se fixar. Quando cultivados, os maracujás precisam ser tutorados com arames para se desenvolver. Na natureza, desenvolvem-se prendendo-se a cercas e outras plantas. A espécie costuma ser usada no paisagismo, mas, infelizmente, a maior parte das pessoas desconhece as versões ornamentais da planta, que poderiam deixar os projetos paisagísticos ainda mais bonitos.

As flores do maracujá apresentam coloração espetacular – podem ser vermelhas, azuis, roxas, ametista, branca ou amarela – e são perfumadas em sua maioria. Os frutos do maracujá azedo são grandes, carnosos, suculentos, com polpa de gosto ácido. Porém, existem variedades com frutos doces, superdoces, azedos ou muito azedos, que podem ser consumidos ao natural ou usados na culinária. O maracujá deve ser cultivado sob sol pleno ou meia-sombra e se adapta a diversos tipos de clima. A propagação é feita por sementes.

Uma curiosidade: algumas espécies de maracujá têm no seu nome científico referências às características das plantas: a *Passiflora amethystina* tem coloração da pedra ametista; a *Passiflora quadrangularis* apresenta caules quadrados; e a *Passiflora misera* produz frutos pequenos, duros, não comestíveis e flores minúsculas – uma miséria!

Passiflora edulis

Passiflora edulis

Passiflora alata

Passiflora amethystina

Passiflora amethystina

Passiflora edulis conduzida em árvores no bairro do Sumaré, em São Paulo, SP

Passiflora caerulea

Passiflora caerulea

Passiflora edulis

Passiflora cincinnata

Passiflora cincinnata

Passiflora bogotensis

Passiflora edulis x incarnata

Passiflora edulis x incarnata

Passiflora coccinea

Passiflora coccinea

Passiflora maliformis

Passiflora maliformis

Passiflora racemosa

Passiflora racemosa

Passiflora tricuspis

Passiflora coriacea

Passiflora coriacea

Os curiosos frutos do guaraná parecem globos oculares. Abaixo, a planta cultivada como arbusto, a floração e as sementes secas

Paullinia cupana Guaraná Família *Sapindaceae*

Juntamente com a vitória-régia, ele é uma das plantas amazônicas mais conhecidas no exterior. O guaraná foi descoberto pela tribo indígena Satére Mawé, nas imediações do município de Maués, no Amazonas, e hoje é usado na fabricação de refrigerante e do pó de guaraná. Em seu hábitat, o guaraná é uma trepadeira de caule sulcado que atinge grandes proporções – ela usa suas gavinhas para se prender a árvores e à vegetação dos arredores, alastrando-se por grandes áreas. Quando cultivada no pomar, forma moitas grandes que precisam de tutores para se desenvolver.

As folhas do guaraná são compostas por até cinco folíolos de coloração verde-escura a verde-clara. Já as flores surgem em inflorescências em forma de cacho com tamanho variável. São pequenas, brancas, masculinas e femininas. Os frutos são cápsulas de cerca de 2,5 cm de diâmetro. Quando maduros, apresentam coloração vermelho-alaranjada e se abrem naturalmente, expondo a semente negra com a metade inferior recoberta por arilo branco. Os frutos geralmente contam com duas sementes, mas, eventualmente, podem apresentar três. Eles se agrupam em cachos de até 30 cm de comprimento, cada um contendo até 115 frutos. A floração ocorre a partir de julho, e a frutificação, a partir de novembro.

O guaraná aprecia clima tropical úmido e requer sol pleno para se desenvolver. A espécie propaga-se por sementes. O refrigerante fabricado a partir do guaraná foi criado há cerca de um século e é muito apreciado pelos brasileiros. Já o pó de guaraná, usado no preparo de uma bebida tônica e energética, pode ser feito de forma artesanal ou industrial. As sementes do guaraná passam por um processo de secagem, depois são torradas e moídas, dando origem ao pó. Hoje, a produção de guaraná está concentrada principalmente no sul da Bahia, onde o clima, o índice pluviométrico e a qualidade do solo favorecem o desenvolvimento da espécie.

Persea americana

Abacate

Família *Lauraceae*

O abacate fica com casca macia quando amadurece

Essa árvore frondosa nativa da América Central é encontrada em todo o território brasileiro em sítios, fazendas, jardins, à beira de estradas e em vias públicas. Tem porte entre 10 m e 20 m de altura, é bastante ramificada e apresenta copa densa, com folhas entre 12 cm e 18 cm de comprimento. As flores pequenas e perfumadas surgem em inflorescências que se formam nas pontas dos ramos. Elas são hermafroditas e melíferas e aparecem entre os meses de julho e setembro. Os frutos, por sua vez, começam a surgir em janeiro.

O abacate é uma fruta grande, de coloração verde-oliva ou castanha e apresenta formatos distintos, conforme a variedade. Já a casca pode ser fina ou grossa. Existem mais de 20 variedades de abacate, sendo que a menor delas é chamada de avocado. No Brasil, a fruta é consumida essencialmente como sobremesa. Porém, em outros países, é muito usada em saladas refrescantes. A guacamole, um prato mexicano famoso em todo o mundo, é uma pasta feita com a mistura de uma parte de abacate, cebola, cebolinha, coentro, tomate picado, sal e pimenta malagueta.

O cultivo de abacate no Brasil já foi maior. Na época da safra, costumava-se, inclusive, usar a polpa rica em gordura para fabricar sabão. O abacateiro é típico de clima tropical, mas tolerante ao subtropical de baixa altitude, e requer sol pleno para se desenvolver. Propaga-se por enxertia e por sementes e tem alta taxa de germinação.

O abacateiro atinge até 20 m de altura e frutifica em janeiro. Esse exemplar foi fotografado no Parque do Ibirapuera, em São Paulo, SP

Tâmaras roxas são comuns em festas de fim de ano. Abaixo, os frutos no pé

Phoenix dactylifera

Tâmara

Família *Arecaceae*

Considerada um alimento milenar, a tâmara tem origem incerta, embora acredita-se que ela tenha surgido no norte da África e no Oriente Médio. A planta é muito apreciada pela população dessas regiões, onde é possível encontrar frutos desidratados, amarelos e roxos – essa última variedade é a que costuma ser consumida no Brasil nas festas de fim de ano. Também é usada na fabricação de sobremesas como a trouxinha de tâmaras, um prato típico da cozinha libanesa.

A tamareira pode medir entre 12 m e 25 m de altura. Desenvolve troncos múltiplos, embora seja possível cultivá-la com caule isolado com a remoção frequente dos brotos. Suas folhas medem 3 m de comprimento e apresentam por volta de 150 folíolos com 30 cm de comprimento e 3 cm de largura. As tamareiras são dioicas, ou seja, têm flores femininas e masculinas em plantas separadas. Por isso, para que haja polinização, é preciso cultivar as duas. Porém, elas não precisam estar necessariamente próximas umas das outras. Os frutos ovoides e de coloração amarelada surgem em cachos grandes que pesam mais de 10 kg. Quando maduros, ficam marrons.

Típica de clima desértico, a tamareira gosta de sol pleno e propaga-se por sementes ou por brotos que surgem junto à planta-mãe. O sistema por brotos é o mais recomendável, pois a palmeira mantém as características genéticas da matriz. Os maiores produtores de tâmara são Egito, Irã, Arábia Saudita, Paquistão e Iraque. A espécie foi introduzida no Brasil em 1928 e, na década de 1980, a Embrapa passou a cultivá-la experimentalmente em Petrolina, PE.

Tamareiras cultivadas no Instituto e Jardim Botânico Inhotim, em Brumadinho, MG

Physalis angulata

Camapu, camapum, balãozinho, mata-fome, physalis

Família *Solanaceae*

Planta herbácea, o camapu raramente ultrapassa 70 cm de altura e tem ramificações verdes e angulosas. Dispersa por quase toda região amazônica, a espécie antes era vista também em outros estados, principalmente os do Nordeste, mas hoje tornou-se bastante rara. Em parte, isso ocorre porque não há tradição em cultivar o camapu, que nasce espontaneamente pelos quintais, hortas, roças abandonadas, beiras de estradas, redondezas de casas e em áreas submetidas a queimadas.

O nome popular é de origem tupi: *cama* significa "peito" e *pu*, "estalo". Já o nome científico *physalis* é a forma latinizada da palavra grega *physa*, que significa "bexiga" ou "bolha", em alusão ao formato do fruto.

O camapu aprecia clima tropical úmido e pode ser cultivado em canteiros e até em vasos. Suas sementes germinam entre cinco e dez dias e apresentam frutos após 60 ou 70 dias. Devido a sua capacidade de reprodução, dispensa cuidados extras.

O camapu produz flores amarelas, pequenas, solitárias e hermafroditas. O fruto é uma pequena baga globosa, amarelo quando maduro, com sabor adocicado que desmancha na boca. Envolto pelo cálice que forma um balãozinho, ali ficam mais de 150 pequenas sementes que costumam ser dispersadas para outros lugares pelos pássaros. O uso medicinal do camapu é comum entre as populações amazônicas e indígenas.

O camapu costuma crescer nas matas e não há mudas à venda nos viveiros. Seus frutos são envoltos por uma espécie de balão

Quando está maduro, o camapu fica com tom vivo e brilhante

O bacuri apresenta uma das mais belas floradas amazônicas. No interior dos frutos, fica uma polpa branca, saborosa e utilizada de diversas formas

Platonia insignis

Bacuri

Família *Clusiaceae*

Considerada pelo paisagista brasileiro Roberto Burle Marx a mais espetacular fruta amazônica, o bacuri tem sabor inigualável. Sua polpa pode ser consumida ao natural ou na forma de creme. Já suas sementes são usadas na fabricação de um óleo, e a casca, na produção de um doce muito apreciado na região Norte do Brasil. Acredita-se que a espécie seja originária do Baixo Amazonas, onde brota espontaneamente em toda a região amazônica, principalmente nos estados do Pará, na Ilha de Marajó, Mato Grosso, Maranhão e Piauí.

A árvore tem crescimento rápido e pode chegar aos 35 m de altura, com tronco de 1,5 m de diâmetro. É grande seu poder de rebrotação por baixo do solo, podendo gerar centenas de mudas em pequenos espaços. Por isso, é importante fazer o manejo, para que não haja uma infestação pela espécie. As folhas do bacurizeiro são coriáceas, verde-escuras e estriadas. Já as flores são grandes, com coloração rósea intensa ou tonalidades que vão do rosado ao creme. Apresentam cinco pétalas e são hermafroditas. Quando chega a época de floração – de junho a setembro – muitas árvores estão praticamente sem folhas, e as flores proporcionam um espetáculo na floresta. A frutificação ocorre de dezembro a abril.

Como não existe cultivo de bacuri, os frutos são conseguidos por extrativismo. São bagas grandes ovaladas ou arredondadas, com 10 cm a 16 cm de diâmetro e até 1 kg cada um. A casca amarela é dura, resinosa e requer o auxílio de ferramentas para ser aberta. A polpa, por sua vez, é branca e envolve grandes sementes. O bacurizeiro é típico de clima tropical úmido e requer sol pleno para se desenvolver. A propagação é feita por sementes e por enxertia.

Com porte de até 35 m, o bacurizeiro tem frutos com cerca de 16 cm de diâmetro e até 1 kg

Detalhe da flor do cambucá e árvore cultivada em propriedade de Passa Quatro, MG

Plinia edulis

Cambucá

Família *Myrtaceae*

Essa árvore de até 10 m de altura é nativa da Mata Atlântica, mas hoje é muito difícil encontrá-la em seu hábitat. Ela tem tronco curto e tortuoso, muito ramificado, de coloração avermelhada e que desprende cascas finas. A copa em forma de pirâmide é muito elegante, o que torna a espécie ideal para o paisagismo.

As folhas do cambucá são verde-escuras brilhantes, com ápice acuminado e medem de 8 cm a 12 cm de comprimento. As flores brancas e pequenas surgem no final do verão nos nós dos ramos e no caule da árvore. Os frutos são bagas arredondadas entre 4 cm e 6 cm de diâmetro. Apresentam casca lisa e amarelada quando maduros e se abrem facilmente quando comprimidos. A polpa carnosa e suculenta envolve uma ou duas sementes. Ela é amarelada, doce acidulada e pode ser consumida ao natural ou na forma de compotas.

O cambucá adapta-se aos climas tropical e subtropical e pode ser cultivado sob sol pleno ou meia-sombra. Ele propaga-se por sementes, que germinam lentamente.

Os frutos do humezeiro parecem com os do pessegueiro

Prunus mume

Humê, damasco-japonês

Família *Rosaceae*

Acredita-se que essa arvoreta originária da China tenha chegado ao Brasil em 1967, trazida por um imigrante que veio de Taiwan para a cidade de Botucatu, SP. A espécie adaptou-se bem e até hoje é cultivada pela colônia japonesa da região.

O humezeiro mede de 4 m a 6 m de altura, é bastante ramificado e perde totalmente as folhas antes do início da floração. As folhas verde-escuras, ovaladas e de ponta fina medem de 3 cm a 7 cm de comprimento. Já as flores apresentam coloração variada – podem ser brancas, rosadas ou vermelhas – e são muito retratadas nas pinturas tradicionais japonesas. Elas medem de 1 cm a 3 cm de diâmetro, têm cinco pétalas, surgem solitárias ou em pares e são hermafroditas. Como a polinização das flores é cruzada, é preciso que haja mais de um pé da espécie para facilitar o processo. A floração ocorre no começo do inverno, e a frutificação, de outubro a dezembro.

Os frutos pesam cerca de 25 g e medem 3 cm de diâmetro. Eles se parecem muito com os do pêssego, porém seu sabor é azedo e salgado, sendo usados no preparo de conservas, sucos, licores, vinagres, doces e como tempero em diversos pratos. O humezeiro aprecia clima ameno como o subtropical e regiões onde as temperaturas não passam dos 20 °C. Deve ser cultivado sob sol pleno e propaga-se por sementes, enxertia ou estaquia. No Japão, a espécie costuma ser plantada no lado nordeste do jardim, para proteger as pessoas do mal. Ela também é muito usada na confecção de ikebanas, os arranjos florais japoneses.

A florada do humê costuma inspirar as tradicionais pinturas japonesas

Prunus persica
Prunus persica var. *nucipersica*

Pêssego e nectarina

Família *Rosaceae*

Acima, flores e frutos da nectarina. Abaixo, flor do pêssego. No cultivo de ambas, o ideal é usar papel celofane para proteger os frutos de pássaros e moscas

Nativa da China, o *Prunus persica*, o pêssego comum, é uma árvore de até 6 m de altura com crescimento rápido e produção de três a quatro anos após o plantio. Já a *Prunus persiva* var. *nucipersiva* é originada de uma mutação genética do pêssego comum ocorrida nos Estados Unidos. Ambas as plantas apresentam copa espalhada e ramos compridos e baixos, o que facilita a colheita dos frutos. Devido à bela floração, são muito utilizadas como árvores ornamentais em jardins.

O que diferencia as duas espécies são os frutos – o pêssego apresenta pilosidade e a nectarina não – e a coloração das flores. As folhas são lanceoladas, e as flores, brancas ou rosáceas. Hermafroditas, elas podem surgir solitárias ou em grupo nos meses de junho e julho – é possível encontrar até 60 flores em 1 m de ramo. A frutificação ocorre de outubro a março, com pico da safra em novembro e dezembro. Tanto o pêssego quanto a nectarina são drupas de cores e tamanhos variados, com polpa carnosa, suculenta, doce e de cor branca ou amarelada. Elas têm sementes soltas ou semiaderentes e pesam cerca de 160 g.

Típico de clima temperado frio ou subtropical – depende da variedade –, o pessegueiro aprecia sol pleno e propaga-se por sementes e enxertia. O pêssego é cultivado no Brasil há séculos, e os principais produtores são os estados do Rio Grande do Sul, Santa Catarina, Paraná, São Paulo e Minas Gerais. Ele é muito consumido ao natural, mas também pode ser usado na fabricação de compotas, sucos, geleias, doces em calda, bebidas lácteas, iogurtes e mousses. Por desenvolver casca muito delicada, os frutos do pêssego devem ser protegidos um a um em saquinhos de papel antes da maturação, para evitar o ataque de moscas e pássaros.

Diferentemente da nectarina, o pêssego tem casca pilosa

Flores e frutos do pessegueiro, uma planta cultivada há séculos no Brasil

Prunus salicina

Ameixa-japonesa

Família *Rosaceae*

Embora seja originária da China, no Brasil essa árvore ficou popularmente conhecida como ameixa-japonesa. Ela mede de 5 m a 8 m de altura e pode apresentar tronco curto, grosso e bastante ramificado, semelhante ao do pessegueiro. As flores brancas e de pecíolo longo surgem no inverno, época em que a árvore perde completamente as folhas. Elas são solitárias, hermafroditas e surgem por todo o ramo. Para que a produção de frutos seja satisfatória, é recomendável plantar as árvores próximas umas das outras, para facilitar a polinização.

Os frutos da ameixa-japonesa são drupas de forma, tamanho e cor variáveis. Podem ter a semente solta ou aderente e a polpa ácida ou doce. Eles surgem no verão e são consumidos geralmente ao natural, embora também sejam usados no preparo de doces e compotas. No Brasil, são cultivadas mais de dez variedades de ameixa-japonesa. A produção está concentrada no sul do país, devido às baixas temperaturas.

A ameixa-japonesa se desenvolve bem sob sol pleno e se propaga por enxertia ou estaquia. Mas o segundo método é o mais indicado por manter a identidade genética da planta-mãe.

No Brasil, são cultivadas mais de dez variedades de ameixa-japonesa. Para garantir a polinização, as árvores ficam bem próximas entre si

O araçá adapta-se a diversos tipos de solo. Suas flores brancas surgem entre setembro e janeiro e os frutos medem até 2,8 cm de diâmetro

Psidium cattleianum

Araçá

Família *Myrtaceae*

Ele é originário da Mata Atlântica e pode ser encontrado em todo o Brasil. Conta com dezenas de espécies e, muitas vezes, é confundido com as gabirobas, outra frutífera da mesma família. A espécie pode ser encontrada na forma de árvores de até 9 m de altura e 25 cm de diâmetro ou de arbustos ou arvoretas. Adapta-se facilmente a diversos tipos de solo e, por isso, faz parte da paisagem de restingas litorâneas, áreas descampadas da Mata Atlântica, no Planalto Meridional, nos cerrados e até em áreas extremamente úmidas ou alagadas, convivendo com plantas aquáticas.

O tronco vermelho, com cascas finas que se desprendem dão à espécie um belo aspecto paisagístico. As folhas coriáceas e lisas medem até 10 cm de comprimento e 6 cm de largura. As flores brancas podem surgir solitárias ou em grupos nas axilas das folhas. São levemente perfumadas e apresentam numerosos estames. A floração ocorre entre setembro e dezembro, e a frutificação, a partir de janeiro.

Os frutos são bagas de tamanho variável – medem até 2,8 cm de diâmetro –, com coloração amarela ou vermelha e casca fina e lisa. A polpa levemente ácida e suculenta envolve inúmeras sementes pequenas. Costuma ser consumida ao natural, mas pode ser usada no preparo de doces e caldas. A casca da árvore e as folhas são ricas em tanino e, por isso, usadas na medicina caseira.

O araçá se adapta a diversos tipos de clima e pode ser cultivado sob sol pleno ou meia-sombra. Propaga-se por sementes que demoram de 20 a 40 dias para germinar. O desenvolvimento é lento.

O fruto do araçá tem polpa levemente ácida

Conforme a variedade, variam as cores dos frutos e flores das goiabeiras

Psidium guajava

Goiaba

Família *Myrtaceae*

Existem no Brasil mais de dez variedades de goiabeira. Essa espécie nativa é encontrada em todo o território nacional e muito cultivada em espaços urbanos, jardins, pomares, sítios e fazendas. A árvore mede por volta de 7 m de altura e pode ser podada anualmente para ficar com a ramagem baixa, o que facilita a colheita dos frutos.

As flores da goiabeira surgem nas axilas das folhas e são solitárias, brancas ou avermelhadas, conforme a variedade. Surgem durante a primavera enquanto a frutificação ocorre a partir de janeiro. Porém, nos pomares de Petrolina e de Juazeiro, no Nordeste brasileiro, é possível encontrar furtos praticamente o ano todo graças aos modernos processos de irrigação.

As goiabas são bagas de cor e forma variáveis. As mais comuns são a branca e a vermelha, que apresentam polpa carnosa, suculenta, doce e com inúmeras sementes. A casca é lisa, fina e fácil de abrir: basta comprimi-la. Os frutos podem ser consumidos ao natural ou ser usados no preparo de inúmeras receitas doces e salgadas. A goiabeira adapta-se a diversos tipos de clima e de solo e pode ser cultivada sob sol pleno ou meia-sombra. A propagação ocorre por sementes ou enxertia, e a taxa de germinação é bastante alta.

As goiabeiras estão espalhadas por todos os cantos do Brasil, o que faz...

... a alegria de periquitos e outros pássaros, hábeis devoradores dessses frutos. Abaixo, doce de goiaba preparado em tacho de cobre

Punica granatum

Romã

Família *Punicaceae*

Muito usada no paisagismo, a romanzeira é uma arvoreta ou arbusto de até 3 m de altura. Porém, existem alguns exemplares centenários com tronco grosso e até 6 m de altura. A espécie adapta-se a uma grande variedade de solos e impressiona pelo visual, pois apresenta flores vermelhas e vistosas durante a maior parte do ano. Nativa do Irã até a região do Himalaia, a frutífera tem folhas coriáceas, simples, verdes e brilhantes, com até 7 cm de comprimento. Já as flores vermelhas exibem inúmeros estames brancos amarelados e podem surgir isoladas ou em grupos. Elas são hermafroditas e unissexuais.

A romã não é um fruto e sim um pseudofruto chamado balaústa. O fruto é composto por inúmeras sementes envoltas por uma polpa firme e translúcida de tom róseo-avermelhado, com sabor acidulado. A casca pode ser amarela ou vermelha, lisa e é fácil de abrir. Os frutos surgem durante praticamente todo o ano, com maior intensidade entre os meses de dezembro e março. Podem ser consumidos ao natural ou usados no preparo de pratos doces ou salgados, sucos...

A espécie prefere o clima subtropical. Aprecia sol pleno e propaga-se por sementes ou estaquia. Trazida ao Brasil pelos colonizadores, a romã faz parte da cultura popular do país. Acredita-se que comer a fruta no final do ano e guardar as sementes na carteira traz dinheiro, sorte e prosperidade. Também é considerada a fruta-símbolo da fertilidade, da sorte e da fartura, pois apresenta inúmeras sementes.

O interior dos frutos da romanzeira apresenta saborosas sementes rosadas

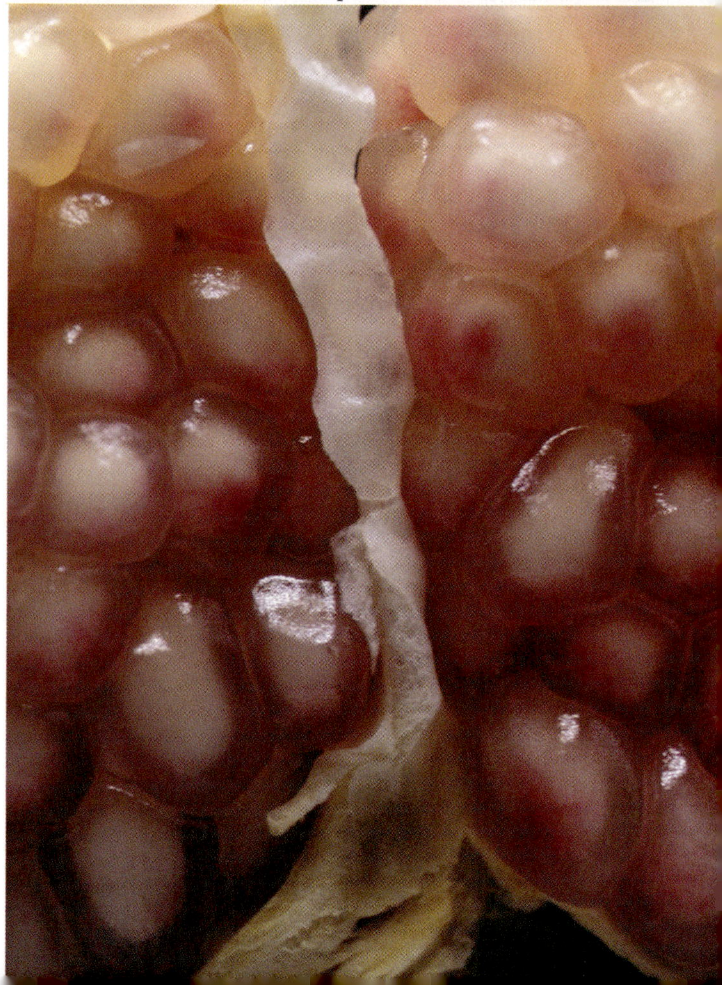

Além de muito saborosa, a romã é considerada uma fruta que traz sorte

A frutificação ocorre quase o ano todo, em especial no verão

No quadro *Madonna Della Mellagrana* (também conhecido como *Madona da Romã*), o pintor Sandro Botticelli inseriu a fruta na cena. A obra data de 1487

Pyrus communis

Pera

Família *Rosaceae*

Da mesma família da rosa, do morango e do pêssego, a pereira é uma árvore de bonito aspecto, especialmente no inverno, antes da queda das folhas. Típica de clima temperado – é originária da Europa –, é própria para pomares e grandes jardins. No Brasil, são cultivadas dez espécies, principalmente nos estados da região Sul. O Rio Grande do Sul é o maior produtor nacional, seguido por Santa Catarina e Paraná.

A pereira atinge até 10 m de altura. Apresenta tronco pequeno e grosso, copa larga e bastante ramificada. No inverno, suas folhas adquirem tonalidades amareladas ou vináceas, antes de cair. São ovais, alongadas, verde-escuras e medem até 10 cm de comprimento.

As flores de pecíolo longo surgem em grupos nas axilas das folhas, sempre no inverno. Às vezes, formam cachos com um belo aspecto. Os frutos, que surgem no verão, medem cerca de 4 cm de comprimento e têm casca amarela, vinho ou castanha, conforme a variedade. A polpa é carnosa, espessa, adocicada e pode ser dura ou mole, dependendo da variedade.

A pera é consumida principalmente ao natural, mas também é usada no preparo de doces em calda, secos e de uma bebida francesa chamada *poire* – composta pela mistura de peras cozidas em calda e alguma bebida alcoólica.

A pera é uma fruta carnosa, com variedades de várias cores. Entre seus atributos, está a bela floração que surge no inverno

A pereira atinge até 10 m de altura e precisa de clima frio, como a da região Sul do Brasil. A árvore acima foi fotografada nas Serras Gaúchas, RS

Quararibea cordata

Sapota-do-solimões, sapota-do-peru, chupa-chupa

Família *Malvaceae*

Trata-se de uma exuberante árvore amazônica com até 45 m de altura e diâmetro entre 50 cm e 90 cm – mas, se cultivada em áreas abertas, a planta não ultrapassa 15 m. Além disso, a sapota-do-solimões tem copa vistosa proporcionada pelas folhas verde-escuras em forma de coração, de até 30 cm de comprimento. As flores são agrupadas ou isoladas ao longo dos ramos.

Como diz o nome popular, a espécie é originária das regiões do médio e do alto Rio Solimões. É mais conhecida nas cidades de Manaus e de Tefé, no Amazonas, mas é possível encontrar exemplares no Peru, Colômbia e Equador. Quando adulta, cada sapota-do-solimões pode produzir até uma tonelada de frutos por ano. Eles têm coloração escura, formato oval ou achatado com peso entre 0,3 kg e 1,2 kg. A casca é espessa e amarronzada, necessitando de faca para ser aberta. Dentro há uma polpa amarelo intensa e aromática para ser consumida ao natural ou em forma de suco. Dizem que a sapota-do-solimões não é uma fruta e sim um "mix de frutas", pois tem gosto que lembra mamão, manga, abacaxi, melão e abacate. Também é rica em minerais e vitamina A.

A floração da sapota-do-solimões ocorre de agosto a novembro, e a frutificação, de fevereiro a maio, época em que pode ser vista nos mercados e feiras de Manaus, AM. A propagação é feita por meio de sementes ou enxertia.

Cada sapota-do-solimões pode pesar mais de 1 kg

A germinação demora de 15 a 45 dias após a semeadura. Recomenda-se plantar assim que as sementes sejam retiradas dos frutos, pois a espécie não permite armazenamento. Aprecia clima tropical úmido.

Como tem a casca dura, a sapota-do-solimões precisa ser aberta com faca. Seu interior é aromática, e seu gosto parece um mix de várias frutas

As flores (imagem abaixo) surgem a partir de agosto enquanto os frutos aparecem em fevereiro. Em seu hábitat, a árvore atinge até 45 m

Rheedia brasiliensis (Garcinia brasiliensis)

Bacupari

Família *Clusiaceae*

Essa arvoreta de até 6 m de altura, tronco reto e casca amarelo-esverdeada desenvolve-se dentro das matas de árvores altas, com pouca luminosidade. Originária da floresta pluvial atlântica, apresenta frutos de polpa agridoce apreciados por inúmeros animais, entre os quais macacos e aves grandes, com bico forte o suficiente para perfurar a casca do fruto.

O bacupari apresenta folhas rígidas, verdes e brilhantes. As flores se dividem em masculinas – em maior número – e hermafroditas – em número menor. Desenvolvem-se ao longo dos ramos, apresentam pecíolo longo, coloração branco-amarelada e surgem entre os meses de julho e setembro. A frutificação começa em janeiro. Os frutos da espécie são bagas elípticas de coloração amarelo-alaranjada, casca brilhante, lisa e fácil de abrir ao ser comprimida. A polpa agridoce secreta de uma a quatro sementes, conforme o tamanho do fruto.

O bacupari aprecia clima quente e úmido, meia-sombra e se propaga por sementes. Como a espécie não é explorada comercialmente, apenas os viajantes que passam por áreas onde essa espécie é encontrada têm o privilégio de provar seu fruto. No passado, os caboclos mateiros costumavam trazer de suas viagens chapéus cheios de bacuparis para a família degustar. Por isso, o tempo de bacupari era uma época de alegria nas matas e em outros lugares.

O bacupari costuma ter entre uma e quatro sementes em seu interior agridoce. Fácil de abrir, a fruta também é apreciada por macacos e aves

As belas flores do bacupari surgem entre julho e setembro. Geralmente encontrada em matas pouco iluminadas, a espécie atinge até 6 m de altura

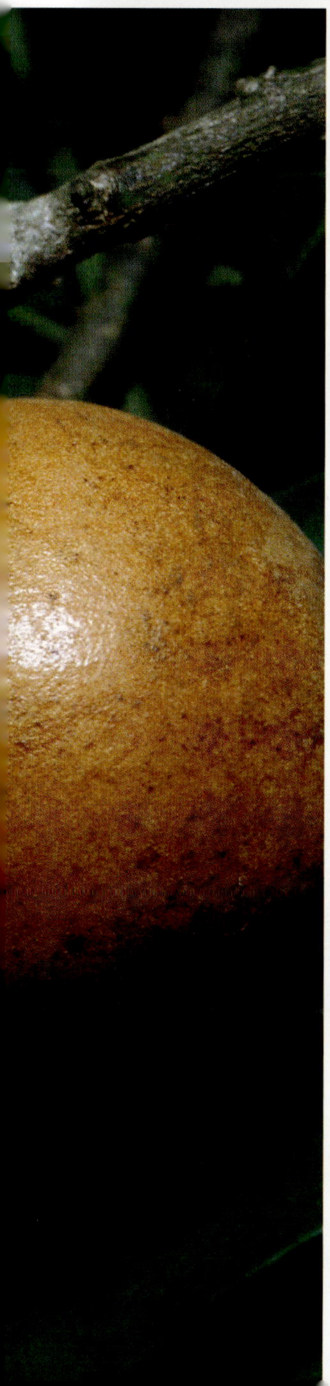

Acima, fruto e brotações da amora-preta. Abaixo, abelha poliniza a flor da espécie

Rubus hybrid

Amora-preta

Família *Rosaceae*

Ela faz parte das chamadas frutas vermelhas e chegou ao Brasil em 1970. Tem sabor doce acidulado e pode ser consumida ao natural ou na forma de geleias, sucos e compotas. Uma vez colhida, seu tempo de vida é curto. Por isso, requer refrigeração e armazenamento adequados.

A amora-preta é um arbusto escandente de até 2 m de altura e é muito indicado para cercas vivas. Apresenta espinhos esparsos nos ramos, folhas verde-escuras na face superior e verde-claras na face inferior, e flores brancas ou róseas. Elas nascem nas axilas das folhas solitárias ou em grupos e são hermafroditas. Os frutos em forma de drupa surgem reunidos em infrutescências de cor vermelha ou preta, que surgem durante o verão.

Existem dezenas de variedades híbridas de amora-preta. Geralmente, elas adaptam-se bem ao Sul e Sudeste do Brasil, desde que cultivadas sob sol pleno. A propagação é feita retirando-se os rebentos que surgem no entorno da planta-mãe.

Rubus idaeus

Framboesa

Família *Rosaceae*

Indicada para cercas vivas, a framboesa é uma espécie arbustiva dotada de espinhos. Ela precisa de clima frio para se desenvolver e, por isso, no Brasil, só pode ser cultivada na região Sul e na Serra da Mantiqueira, numa área que compreende trechos de Minas Gerais, São Paulo e Rio de Janeiro.

A framboesa é originária da Europa e mede cerca de 1,5 m de altura. Bastante ramificada, apresenta ramos alongados e cheios de espinhos e caule amarelo-esverdeado. As folhas compreendem um conjunto de três a cinco folíolos. Elas são ásperas, verde-escuras na face superior e cinza-prateadas na inferior, com borda serrada. As flores brancas e pequenas surgem de setembro a novembro em inflorescências nas axilas das folhas. Os frutos, por sua vez, surgem a partir de dezembro. São globosos, ocos por dentro, apresentam coloração vermelha intensa quando maduros e sabor adocicado.

A framboesa é uma das chamadas frutas vermelhas. É consumida geralmente ao natural, mas também pode ser usada no preparo de geleias, caldas e sobremesas, bem como na aromatização de sorvetes, tortas, bolos e chás. Típica de clima temperado, a espécie aprecia sol pleno e propaga-se por rebentos ou filhotes que surgem na base da planta. O maior produtor mundial de framboesas é a Escócia.

Os adocicados frutos da framboesa surgem a partir de dezembro

Rubus rosifolius

Morango-silvestre, moranguinho-do-mato, moranguinho-vermelho

Família *Rosaceae*

O morango-silvestre é originário do Sul e Sudeste do Brasil e geralmente é encontrado em pastagens, beiras de estradas e terrenos baldios. A espécie forma um pequeno arbusto de até 1,5 m de altura e pode crescer sucessivamente, formando moitas espinhentas intransponíveis. Por esse motivo, muitos a chamam de erva daninha das pastagens.

A planta tem caule verde, cilíndrico e bastante ramificado. Suas folhas têm de três a sete folíolos, base arredondada e margens denteadas. Já as flores são brancas, delicadas e surgem durante praticamente todo o ano isoladas nas axilas das folhas. A frutificação também ocorre durante a maior parte do ano. Por isso, é possível encontrar flores e frutos simultaneamente.

O interior do morango-silvestre é oco – uma característica típica da mesma família. Ele é vermelho-rubro quando maduro e muito apreciado pelos viajantes que os encontram em passeios pela mata. Também pode ser usado no preparo de geleias, doces em caldas e licores. A espécie aprecia clima tropical quente e úmido, sol pleno e propaga-se por sementes e estaquia dos ramos.

É comum encontrar morangos-silvestres com frutos e flores ao mesmo tempo. Assim como ocorre com outras plantas de sua família, o morango-silvestre apresenta o interior oco

Rubus sellowii

Amora-preta, amora-de-espinho, amora-do-mato

Família *Rosaceae*

Essa é única amora nativa do Brasil que cresce espontaneamente, em geral nas regiões altas do Rio de Janeiro, de São Paulo, de Minas Gerais e do Rio Grande do Sul. Ela desenvolve-se rasteira ou em moitas e não costuma ser cultivada em viveiros. Bastante ramificada, a espécie é espinhenta em todas as partes, com exceção dos frutos. Por isso, não deve ser plantada em jardins e pomares, por representar um risco para as crianças.

A amora-preta apresenta folhas compostas, de três a sete folíolos e margem serrilhada. As flores se formam em panículas espinhentas terminais de 5 cm a 20 cm de comprimento. São brancas, delicadas e surgem de janeiro a abril, mesma época da frutificação. Os frutos, quando estão quase maduros, são vermelhos e bastante ácidos. Já no ponto de consumo, ficam pretos e perdem boa parte da acidez. Podem ser consumidos ao natural e usados no preparo de sucos, geleias, doces e licores. Típica de clima tropical de altitude e subtropical, a espécie aprecia sol pleno e meia-sombra. Propaga-se por sementes.

Os frutos da amora-preta aparecem em cachos e apresentam sabor ácido. As flores da espécie são brancas e surgem entre janeiro e abril

Sicana odorifera

Cruá

Família *Cucurbitaceae*

Essa frutífera é nativa do Nordeste brasileiro. Prova disso é que ela aparece na obra *Composição com cucurbitáceas*, de Albert Eckhout, pintor e desenhista que acompanhou Maurício de Nassau pelo Recife, PE, entre 1637 e 1641, época em que a Holanda dominou essa região do país. A obra do artista holandês retrata um cruá aberto e um inteiro, uma abóbora e algumas frutas não identificadas.

O cruá pode ser cultivado como planta rasteira, trepadeira ou arbórea. Ele apresenta caule vigoroso e ramos com gavinhas. Quando plantado junto a muros ou árvores, alastra-se cobrindo todo o espaço.

Suas flores são amarelas, pequenas, solitárias e unissexuais, sendo que em uma mesma planta é possível encontrar flores de ambos os sexos. Os frutos, por sua vez, são cilíndricos, vináceos ou violeta-escuro e chegam a 60 cm de comprimento. Eles apresentam polpa aquosa, amarela e mole, que envolve inúmeras sementes castanho-escuras.

Devido a seu odor forte quando maduro, o cruá não agrada a todos. É consumido principalmente ao natural, mas, quando verde, pode ser refogado, a exemplo da abobrinha. Característica de clima tropical quente, a espécie precisa de muita luminosidade e propaga-se por sementes.

O cruá e sua bela floração, os frutos cilíndricos, a ramagem em forma de trepadeira e, abaixo, o fruto aberto com as sementes à mostra

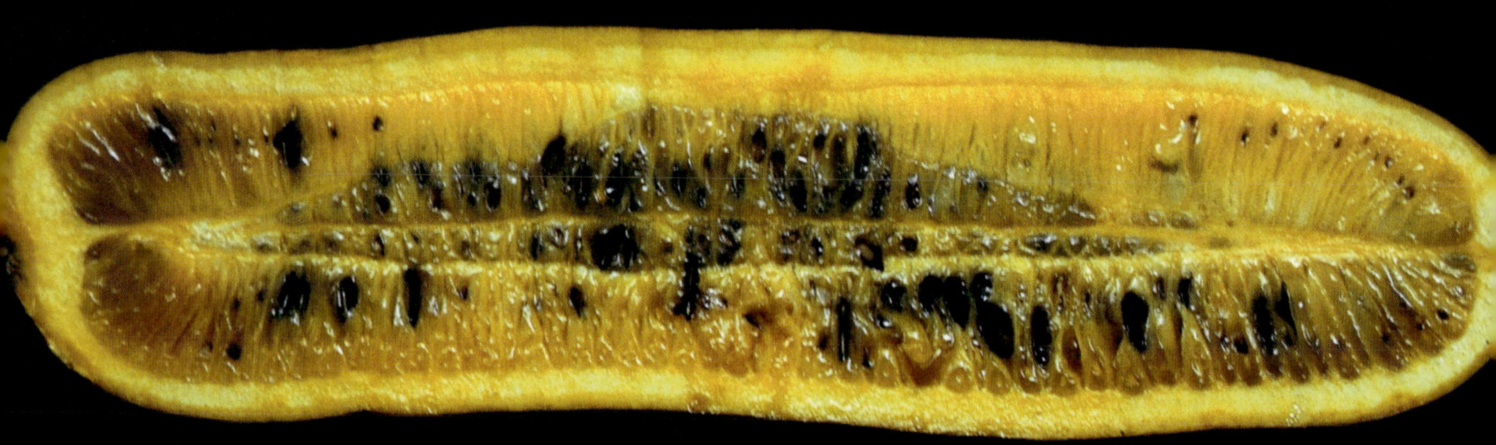

Solanum betaceum (*Cyphomandra betacea*)

Tomate-de-árvore, tamarijo, tomate-japonês

Família *Solanaceae*

Com 2 m a 3 m de altura, essa herbácea arbustiva apresenta copa larga e folhas grandes, em formato de coração. São verde-escuras e lisas na parte superior e cinza com penugem rala na inferior. Além disso, quando maceradas, exalam um odor característico. As flores hermafroditas, pequenas e perfumadas se formam nas axilas das folhas. Trata-se de uma florada branca, às vezes róseo-arroxeada nas pontas. Já a frutificação ocorre cerca de três meses após a floração e, às vezes, é possível observar flores e frutos ao mesmo tempo.

Os frutos do tomate-de-árvore são bagas ovais e alongadas, com casca fina e coloração de vermelho-vinho a roxo. Ele requer uma faca para ser aberto e exibe a polpa carnosa, aromática, levemente ácida e amarelada, que envolve inúmeras sementes pequenas. Pode ser consumido ao natural, com açúcar ou sal, ou usado no preparo de saladas com legumes ou frutas. Também é ingrediente no preparo de molhos para acompanhar carnes e peixes, de purês e de compotas, geleias e doces.

Nativa da região andina do Peru, a espécie pode ser cultivada em jardins ou em vasos grandes. Adapta-se aos climas tropical e subtropical e requer sol pleno. O tomate-de-árvore é rico em vitaminas A e C e fazia parte da alimentação dos incas. Hoje é muito cultivado no Peru, Equador, Nova Zelândia, Estados Unidos, Indonésia, Índia e Portugal. No Brasil, é pouco conhecido, mas pode ser eventualmente encontrado em bons supermercados e no Mercadão da Cantareira, em São Paulo, SP.

Acima, o fruto carnoso, ácido e perfumado. Abaixo, detalhe da casca fina e avermelhada. Com copa larga, a herbácea chega a 3 m de altura

Solanum paniculatum Jurubeba Família *Solanaceae*

Conhecida como o arbusto da resistência, a jurubeba é muito apreciada pelos passarinhos, que se encarregam de dispersar suas sementes. Devido ao alto poder de germinação, a planta nasce em praticamente qualquer lugar, inclusive em fendas abertas no concreto.

Nativa do Nordeste brasileiro, a espécie mede de 3 m a 5 m de altura, apresenta tronco fino e bastante ramificado e é dotada de espinhos. Suas folhas são grandes, verde-escuras na face superior e verde-claras na inferior, com pelos curtos.

As flores brancas, típicas da família *Solanaceae*, lembram as da batata e nascem na parte terminal dos ramos durante quase todo o ano – podem ser vistas simultaneamente aos frutos.

Formados em cachos terminais, os frutos são pequenos e verde-amarelados quando maduros. A casca é macia e se rompe facilmente quando comprimida. Já a polpa aquosa envolve muitas sementes pequenas.

Apreciados por uns e desprezados por outros, os frutos da jurubeba podem ser preparados em conserva, usados como tempero ou como ingrediente de uma farofa amarga. Também são utilizados em infusão com cachaça, para deixar a bebida amarga. No passado, a espécie já foi empregada na produção de vinho e é ingrediente de um licor. A jurubeba aprecia clima quente e deve ser cultivada sob sol pleno ou meia-sombra. Propaga-se por sementes e dispensa cuidados complexos.

Os frutos da jurubeba têm casca macia que se rompe facilmente quando apertada. No alto, o arbusto no Parque do Ibirapuera, em São Paulo, SP

Solanum quitoense

Naranjilla

Família *Solanaceae*

Da família do tomate, da batata, da berinjela e da jurubeba, essa herbácea arbustiva mede de 1 m a 3 m de altura e é muito espinhento, inclusive nas folhas. A naranjilla apresenta ramos flexíveis, com pelos esbranquiçados. As folhas grandes – medem de 15 cm a 30 cm – são recortadas com espinhos e são encobertas por uma densa pelugem em todas as partes. Já as flores brancas com manchas arroxeadas se formam em pequenas inflorescências nas axilas dos ramos e são hermafroditas.

A espécie floresce e frutifica durante quase todo o ano, e seus frutos são bagas globosas de até 6 cm de diâmetro. A casca recoberta por pelos curtos apresenta coloração verde inicialmente, mas depois muda para amarela ou alaranjada. Quando maduros, os frutos são fáceis de abrir ao serem comprimidos e revelam uma polpa densa, suculenta e ácida, com inúmeras sementes. Eles podem ser consumidos ao natural ou na forma de sucos, geleias e doces.

Nativa da região Andina, a naranjilla aprecia clima tropical úmido de altitude e sol pleno. Propaga-se por sementes que germinam facilmente e por estaquia. É uma planta pouco cultivada no Brasil, mas muito popular no Equador.

A naranjilla tem frutos de até 6 cm e muitos espinhos em sua folhagem

Solanum sessiliflorum

Cubiu, manah, tomate-de-índio

Família *Solanaceae*

Herbácea de 2 m de altura originária da Amazônia peruana, colombiana e brasileira, o cubiu é ramificado e apresenta pequenos pelos em todas as partes e folhas grandes com comprimento de 30 cm a 50 cm. São ovaladas e têm bordas irregulares.

O ciclo de produção do cubiu dura de um a dois anos, e seu cultivo pode ocorrer em jardins ou em vasos, e o resultado costuma ser boa frutificação. As flores pequenas e branco-amareladas surgem o ano todo e são hermafroditas. Já os frutos esféricos ou ovoides podem ser verdes e amarelos ou, quando maduros, vermelhos. Têm casca fina, lisa e fácil de se remover. Já a polpa é consistente e envolve centenas de sementes. Cada planta pode produzir mais de 120 frutos de 50 g a 250 g cada.

A espécie deve ser cultivada em clima tropical úmido, sob sol pleno. A propagação ocorre por sementes, e a taxa de germinação supera 80%. O Peru é o maior produtor mundial de cubiu e exporta a fruta para outros países. No Brasil, existem cultivos em larga escala no estado de São Paulo, que visam atender o mercado interno e a exportação.

O cubiu pode ser usado como substituto do tomate no preparo de molhos para carnes, peixes e frangos. Também pode ser consumido ao natural e na forma de sucos, doces, geleias e compotas.

O cubiu pode ser cultivado tanto em canteiros quanto em vasos, e seus frutos ficam amarelos ou vermelhos quando maduros

A cajarana frutifica em maio, mas, meses antes, destaca-se por sua bela folhagem amarela

Spondias dulcis

Cajarana, cajá-manga

Família *Anacardiaceae*

A árvore e o fruto da cajarana são tão conhecidos no Nordeste que muita gente acredita tratar-se de uma espécie brasileira. Ela, porém, é originária de Ilhas do Pacífico. A planta mede de 8 m a 18 m de altura, tem copa bastante ramificada e perde as folhas no período de seca. É uma espécie própria para ambientes urbanos amplamente cultivada no Nordeste, tanto em cidades litorâneas quanto no sertão. Também pode ser vista, em menor quantidade, no Norte do país.

As folhas da cajarana são pinadas, compostas e exibem bordas serrilhadas. Além disso, exalam aroma quando maceradas. Na região Sudeste, adquirem um tom amarelado antes da estação seca e, em conjunto com outras folhas ainda verdes, deixam a árvore com aspecto de bandeira brasileira. As flores são pequenas, amareladas, unissexuadas e hermafroditas e se formam na parte terminal dos ramos entre fevereiro e junho, conforme as chuvas. Os frutos surgem por volta de maio, no começo da estação seca, e são ovais ou alongados. Apresentam casca verde-clara ou amarelada e uma pequena quantidade de polpa ácida devido à presença de um grande caroço. A cajarana pode ser consumida ao natural ou na forma de doces, geleias, sorvetes, licores e sucos.

Além dos frutos, é possível aproveitar outras partes da planta: ela libera uma goma ou resina aromática de ação medicinal e suas folhas são usadas na fabricação de óleo essencial. Curiosidade: existe uma variedade anã de cajarana que começa a produzir frutos seis meses após o plantio e frutifica mais de uma vez ao ano. Ela pode ser cultivada em vaso e propaga-se por sementes ou estaquia. Ambas as espécies desenvolvem-se bem no clima tropical, tanto árido quanto úmido, sempre sob sol pleno.

Spondias mombin

Cajá, taperebá

Família *Anacardiaceae*

Muito apreciado no Nordeste brasileiro, o cajá é facilmente encontrado em praias, feiras e mercados da região. A espécie é originária da Amazônia e da Mata Atlântica e chega aos 25 m de altura, com 60 cm de diâmetro de tronco. Apresenta casca grossa e rugosa, além de copa densa e elegante. Na região amazônica, a espécie é encontrada em matas altas de terra firme, em várzeas inundadas e em pastagens. Já no Nordeste, pode ser vista nas cidades litorâneas, no interior e em meio aos canaviais na Zona da Mata de Pernambuco e Alagoas.

O cajazeiro é muito elegante, próprio para o paisagismo de grandes espaços, pois, quando florido, fica com a copa branca e vistosa. As folhas da espécie são compostas e compreendem de cinco a nove pares de folíolos. Quando maceradas, exalam um odor característico. As flores, por sua vez, são pequenas, brancas, melíferas e se formam em grandes inflorescências na parte terminal dos ramos. Elas surgem a partir de agosto, e a frutificação começa em outubro.

Os frutos são drupas ovaladas de casca fina, lisa e de coloração amarelo-avermelhada quando maduros. A polpa alaranjada tem sabor agridoce e pode ser consumida ao natural, na forma de sorvetes, refrescos, doces, licores e até como tira-gosto acompanhada de cachaça.

O cajazeiro desenvolve-se bem em clima tropical úmido e requer sol pleno. A propagação se dá por sementes, estaquia e multiplicação vegetativa. As sementes devem ser colocadas para germinar logo após a coleta e brotam em cerca de dois meses.

Acima, cajazeiro em rua de Olinda, PE. Os frutos da espécie surgem em outubro e são agridoces

Spondias tuberosa

Umbu

Família *Anacardiaceae*

Típica do Nordeste semiárido, essa árvore perde todas as folhas na estação seca, ganhando aparência de morta. Porém, basta as primeiras chuvas caírem para que as folhas voltem a brotar. A espécie é baixa – atinge no máximo 6 m de altura –, tem tronco curto e ramificado, galhos entrelaçados e copa densa e aberta, proporcionando boa sombra.

Suas flores brancas e pequenas são aromáticas, melíferas e muito visitadas por abelhas, que ajudam na polinização. Já os frutos medem de 2 cm a 4 cm de comprimento e apresentam casca amarelo-esverdeada quando maduros entre janeiro e março. A polpa é branca ou amarelada, suculenta, mole, agridoce e envolve uma semente grande. O umbu pode ser consumido ao natural. Porém, seu principal uso é na forma de polpa batida com leite e açúcar. Também existem doces, sorvetes e sucos fabricados a partir da fruta.

A espécie é típica de clima tropical árido e deve ser cultivada sob sol pleno. A propagação pode ser por sementes ou estaquia. Porém, o segundo método é mais indicado por manter as características da planta-mãe. Uma curiosidade: entre fevereiro e março é celebrado o Festival do Umbu, em Uauá, cidade no Raso da Catarina, BA.

Após as chuvas, o umbu fica com sua copa cheia de brotações

A polpa agridoce do umbu geralmente é consumida com leite e açúcar

Spondias purpurea

Ciriguela

Família *Anacardiaceae*

É outra fruta muito apreciada no Nordeste, região onde é bastante abundante, em especial nas capitais e cidades litorâneas. No Sudeste, tem sido cultivada com bastante sucesso em regiões quentes do estado de São Paulo.

A ciriguela é originária da América tropical e atinge 6 m de altura. Apresenta tronco grosso, copa baixa com ramos rastejantes e é caducifólia. Suas folhas pinadas apresentam de 9 a 11 pares de folíolos, e a coloração varia de verde intenso a verde-claro. As flores pequenas e delicadas vão do esbranquiçado ao púrpura e surgem aglomeradas ao longo dos ramos finos. No Nordeste, a floração ocorre entre julho e setembro. A frutificação se dá por volta de 120 dias após a floração.

Os frutos são drupas alongadas de coloração amarela, mas ficam vermelho-escuros depois de maduros. A polpa é doce acidulada, e a quantidade, pequena se comparada ao tamanho do fruto, devido à existência de um caroço grande no centro.

A espécie é típica de clima tropical e requer sol pleno para frutificar. Sua propagação se dá por sementes e estaquia. A ciriguela destinada ao comércio em mercados e feiras requer muito cuidado na colheita, pois não pode ser retirada do pé muito verde, mas também não deve estar completamente madura.

Com até 6 m de altura, a ciriguela frutifica por volta de março. Cerca de quatro meses antes, surgem as flores com tons de branco a púrpura

A floração do chichá ocorre entre novembro e março

Sterculia chicha

Chichá, xixá, pau-de-boia

Família *Malvaceae*

Recomendada para grandes espaços, essa árvore de até 35 m de altura costuma ser encontrada em grandes espaços públicos como o Parque do Ibirapuera e o Largo do Arouche, em São Paulo, e no Jardim Botânico e no Aterro do Flamengo, no Rio de Janeiro. Originária da Amazônia e Mata Atlântica, ela apresenta tronco retilíneo e pode formar grandes raízes tubulares na base, conhecidas como sapopemas.

A copa é densa, composta por folhas grandes e recortadas em três a cinco lobos. Na estação seca, a espécie perde as folhas. Suas flores são pequenas e se formam em grande quantidade em panículas terminais. Elas apresentam coloração vermelha na parte interna, creme na externa e exalam um odor desagradável. A floração ocorre de novembro a março. Já a frutificação começa em maio e se estende até setembro, conforme a região. No Brasil, o chichá pode ser encontrado na região amazônica, no Nordeste, Sudeste e Centro-Oeste.

Os frutos ovoides e grandes se formam nas extremidades dos ramos e abrem espontaneamente, expondo as amêndoas de cor negra e casca lisa ou aveludada. Elas podem ser consumidas cruas, torradas ou cozidas e têm sabor similar ao do amendoim. O pixídio, o fruto seco, é grande de coloração vermelho intensa no exterior e interior, aveludado, abre em cinco partes, formando uma obra de arte de tonalidade vermelha por bastante tempo. Depois, fica com coloração parda.

O chichá é típico de clima tropical e tolera o subtropical, desde que não ocorram geadas. Aprecia sol pleno e propaga-se por sementes, e as amêndoas devem ser plantadas quando caem espontaneamente. Sua taxa de germinação é excelente.

Dentro das frutas do chichá ficam amêndoas saborosas, negras e aveludadas

Syagrus coronata Licuri, aricuri, auricuri Família *Arecaceae*

Essa palmeira é típica do semiárido brasileiro e pode ser encontrada em quase todo o Nordeste brasileiro e no norte de Minas Gerais. Mas seu principal hábitat é o Raso da Catarina, na BA, onde o cangaceiro Lampião e seu bando se escondiam. Na região, os coquinhos do licuri são alimento para a arara-azul-de-lear, uma espécie endêmica, além de cabras, bois e roedores.

A espécie atinge 10 m de altura e tem de 25 cm a 30 cm de diâmetro. Suas folhas se distribuem em cinco fileiras com bonito aspecto. Como o espaço entre as folhas é grande, sementes de outras plantas levadas por passarinhos se desenvolvem nessa área. As flores pequenas e amarelas surgem em inflorescências pendentes, de até 50 cm de comprimento, e entre maio e agosto e são muito visitadas por abelhas. Os frutos, por sua vez, aparecem entre janeiro e março. São pequenos e apresentam coloração marrom, mudando para amarelo quando maduros.

A espécie aprecia clima quente, sol pleno e propaga-se por sementes que devem ser plantadas logo após a coleta. Doces, apetitosas e nutritivas, as sementes do licuri são vendidas no mercado em forma de rosário, para serem destacadas uma a uma. Também são usadas na fabricação de paçocas, cocadas e podem ser piladas para consumo com mel de engenho ou melado. As folhas do licuri são usadas na produção de trançados e fibras para a confecção de peças artesanais.

Os coquinhos da palmeira licuri formam cachos de até 50 cm. São ingrediente para diversos doces

Licuri no Raso da Catarina, BA, seu principal hábitat

Acima, os frutos da guariroba. Abaixo, detalhe das flores, do cacho e do longo tronco

Syagrus oleracea

Guariroba, gueroba, palmito-amargoso

Família *Arecaceae*

Palmeira de caule único, a guariroba é nativa do Norte e Nordeste do Brasil, mas disseminada por todo o país, com maior ocorrência em Goiás. Por ser uma palmeira de fácil adaptação, pode ser encontrada em cerrados, matas de terra firme, ambientes degradados e em áreas periodicamente inundadas. Tem estipe anelado, de 5 m a 20 m de altura, e caule com até 30 cm de diâmetro. É uma palmeira muito usada no paisagismo urbano e em jardins residenciais e empresariais

As folhas da guariroba medem até 3,5 m comprimento e compreendem até 150 folíolos. Já as flores amarelas surgem em cachos pendentes de até 70 cm de comprimento. Elas podem ser vistas praticamente todo o ano, enquanto os frutos surgem em maior quantidade a partir da primavera.

Os frutos da guariroba são drupas globosas de 4 cm a 5,5 cm de comprimento. Apresentam coloração verde inicialmente, mas ficam amarelos quando maduros. A polpa é espessa, carnosa, fibrosa e adocicada e envolve uma castanha (semente) também comestível e usada na fabricação de óleo para a culinária. Porém, a parte mais apreciada da espécie é seu palmito de sabor amargo, peça essencial na culinária goiana.

A espécie desenvolve-se bem em clima tropical úmido, sempre sob sol pleno. A propagação é por sementes, com taxa de germinação baixa e demorada.

Syagrus romanzoffiana

Jerivá, gerivá, baba-de-boi, coco-babão

Família *Arecaceae*

Ela é, talvez, a palmeira mais cultivada do Brasil. Originária do Sul e Sudeste do país, o jerivá é presença marcante desde os estados do Sul até São Paulo, mas também pode ser encontrado na Bahia, Espírito Santo, Minas Gerais, Brasil Central e Centro-Oeste. Foi introduzida na capital paulista como planta ornamental e se alastrou pela cidade, podendo ser encontrada em espaços públicos e em jardins particulares.

O jerivá desenvolve-se isolado e atinge até 20 m de altura e tronco de 30 cm a 50 cm de diâmetro. Apresenta de 8 a 15 folhas arqueadas que medem de 2 m a 4 m de comprimento. Além disso, dá frutos ou flores durante quase todo o ano. Porém, os frutos mais maduros geralmente são vistos na primavera e no verão.

As flores da espécie são pequenas, perfumadas e atraem muitas abelhas. Elas surgem em grande número em cachos pendentes.

Os frutos amarelados medem de 6 cm a 7 cm e caem quando maduros. Têm casca lisa e comestível, e polpa sucosa e fibrosa, que não agrada a todos os paladares. Porém, são muito apreciados por pássaros – especialmente maritacas e periquitos – micos, esquilos e macacos. Os bovinos e caprinos pastam os frutos que caem em grande quantidade.

O jerivá é típico de clima subtropical tolerante ao calor tropical e aprecia sol pleno. Propaga-se por sementes.

Muito comum no paisagismo, o jerivá frutifica o ano todo, para a alegria de maritacas e periquitos. Já as perfumadas flores atraem abelhas

Abaixo, conjunto de jerivás no Instituto e Jardim Botânico Inhotim, em Brumadinho, MG

Frutífera muito rara no Brasil, o jambo-branco é encontrado apenas no Nordeste

Syzygium aqueum

Jambo-branco

Família *Myrtaceae*

Com porte de até 8 m de altura, além de copa pequena e irregular, essa é uma das menores espécies de jambo. A árvore apresenta folhas mais largas que as dos outros jambos, com nervuras centrais claras. Originária da Índia, a espécie é encontrada no Brasil apenas no Nordeste. Entre maio e julho, surgem as pequenas flores brancas e perfumadas. Com estames longos, elas nascem agrupadas nas axilas das folhas. Já os frutos, de formato piriforme, começam a surgir em dezembro ou janeiro. São brancos, brilhantes e compreendem polpa suculenta, doce e aromática. Muito saborosos e refrescantes, são consumidos ao natural e, eventualmente, na forma de doce e licor.

O jambo-branco aprecia clima tropical úmido e pode ser cultivado sob sol pleno ou meia-sombra. A propagação é por sementes.

Os frutos do jamelão têm polpa adocicada e surgem de janeiro a março

Syzygium cumini

Jamelão, azeitona-do-nordeste

Família *Myrtaceae*

Chamado erroneamente de azeitona devido à semelhança de seus frutos com a azeitona-preta, o jamelão é nativo da Índia, mas pode ser encontrado em quase todo o Brasil. No Nordeste, é visto em cidades litorâneas, no interior, no sertão, à beira de estradas e em praias. Sua copa grande e frondosa proporciona boa sombra, o que torna a espécie perfeita para jardins – pode, inclusive, ser usada como suporte para redes. Além disso, seus frutos atraem diversos tipos de pássaros, esquilos e macacos.

O jamelão adapta-se a diversos tipos de solo e já foi visto até em áreas alagadas periodicamente na Amazônia. Chega a 20 m de altura e tem copa cheia, muito ramificada e, muitas vezes, com ramagens pouco distantes do solo. As folhas, por sua vez, são simples, coriáceas, lisas, verde-escuras, aromática e com nervura central clara e saliente, podendo medir de 5 cm a 14 cm de comprimento. As inflorescências nascem nas axilas das folhas e são compostas de inúmeras pequenas flores. Elas são hermafroditas, branco-amareladas, com numerosos estames. A floração ocorre de setembro a novembro, e a frutificação, em janeiro e fevereiro.

Os frutos são bagas ovoides de coloração verde, branca, lilás e, quando amadurecem, ficam negro-brilhantes. Sua polpa é adocicada, adstringente e envolve uma semente no mesmo formato do fruto. Podem ser consumidos ao natural ou na forma de doces e licores. Típico de clima tropical quente e úmido, o jamelão requer muita luz. Além disso, quanto mais calor, maior a produção de frutos.

A propagação é feita por sementes com grande poder de germinação.

O segredo para estimular a produção de frutos é cultivar o jamelão em locais de muito calor

Syzygium jambos

Jambo-amarelo

Família *Myrtaceae*

Muito usado no paisagismo, esse jambo é encontrado principalmente no Sudeste e Centro-Oeste brasileiro. Ele atinge 15 m de altura e apresenta copa densa e muito ramificada. Suas flores brancas e amarelas se formam em inflorescências terminais durante a primavera. São grandes e têm numerosos estames. Já os frutos globosos, de coloração amarela a rosa-claro e casca lisa, começam a surgir em dezembro. Perfumados, sua polpa é rosa-clara e bastante espessa, com uma semente solta e uma coroa formada pelas sépalas persistentes. Devido ao aroma forte, muita gente considera enjoativo o sabor da fruta, que é consumida apenas ao natural. Já as maritacas são muito apreciadoras da planta.

O jambo-amarelo é originário da Índia e Malásia. Ele aprecia sol pleno e climas subtropical e tropical úmido. A propagação da espécie é feita por sementes.

O jambo-amarelo tem frutos perfumados, copa densa e flores amareladas que surgem na primavera

A densa copa do jambeiro-vermelho é muito ornamental, conforme mostra esta foto na Ilha do Mosqueiro, no Pará. Ao lado, detalhe do fruto

Syzygium malaccense Jambo, jambo-vermelho Família *Myrtaceae*

O jambeiro-vermelho é uma árvore frondosa muito usada no paisagismo público e em jardins. Ele apresenta copa cheia bastante ramificada ou em formato piramidal e atinge até 13 m de altura. Suas folhas opostas medem entre 25 cm e 30 cm de comprimento e são verde-escuras brilhantes.

As flores vermelho-púrpuras se desenvolvem ao longo dos ramos e são difíceis de ser avistadas devido à folhagem. Elas costumam ter cerca de 100 estames de 2 cm a 3 cm de comprimento e são muito aromáticas. A floração ocorre de abril a junho e dura por volta de duas semanas. Nesse período, o solo embaixo da árvore fica coberto por um tapete vermelho-púrpura, devido à queda de muitos estames. Já a frutificação começa em janeiro. Na região amazônica, é comum ocorrer mais de uma floração e frutificação por ano, mas com carga menor de frutos.

Os frutos do jambeiro-vermelho são drupas ovais ou piriformes de coloração vermelho-escura brilhante. Eles têm polpa branca doce e suculenta e envolve uma semente marrom. São consumidos principalmente ao natural, mas também podem ser servidos na forma de doces em calda.

De todos os jambos, o vermelho é o mais apreciado pelos brasileiros e é encontrado geralmente nas capitais e no interior do Nordeste, mas também é popular na região amazônica. A espécie é originária da Índia e aprecia clima tropical e sol pleno. Propaga-se por sementes.

A polpa do jambeiro-vermelho é suculenta e pode ser consumida ao natural ou em forma de doces

A bela florada do jambo-rosa e paneiros da fruta vendidos numa feira de Belém, PA

O jambeiro-rosa frutifica a partir dezembro e forma vários cachos vermelhos

Syzygium samarangense

Jambo-rosa

Família *Myrtaceae*

Essa pequena árvore mede entre 5 m e 10 m de altura e é originária do Arquipélago Malaio. Apresenta copa densa, bastante ramificada, composta por folhas verde-escuras e lisas na face superior e claras na inferior. Medem de 10 cm a 15 cm de comprimento e são aromáticas quando maceradas.

As flores branco-amareladas nascem agrupadas em uma inflorescência que se desenvolve nas axilas das folhas entre os meses de outubro e dezembro. A florada é perfumada e atrai abelhas. Os frutos piriformes surgem de dezembro a março. Têm coloração rosada e polpa semelhante à do jambo-vermelho, sendo consumida ao natural. Típico de clima tropical, o jambo-rosa aprecia sol pleno e propaga-se por sementes. No Brasil, é encontrado nas regiões Norte e Nordeste.

Talisia esculenta

Pitomba

Família *Sapindaceae*

Nativa da Mata Atlântica e da região amazônica, essa elegante árvore já foi muito utilizada no paisagismo em cidades do Norte, como Manaus, e Nordeste, como Recife e Salvador. Porém, a expansão imobiliária está fazendo com que o número de pitombeiras nesses locais caia bastante.

A espécie atinge 12 m de altura e apresenta copa variável, com folhas que medem entre 7 cm e 13 cm de comprimento e 3 cm a 6 cm de largura. Entre setembro e outubro, despontam na parte terminal dos ramos inflorescências espigadas compostas de inúmeras e diminutas flores brancas e perfumadas. Os frutos, por sua vez, pendem em cachos e ficam grudados uns aos outros. São drupas arredondadas, de casca lisa e coloração amarelo-esverdeada quando maduros. Podem ser facilmente abertos quando comprimidos e envolvem duas sementes recobertas por arilo branco carnoso, sucoso e agridoce.

No verão, época da safra, a pitomba é muito comercializada nas praias nordestinas. A melhor forma de consumi-la é degustando as sementes que têm cobertura carnosa e branca. Porém, também pode ser transformada em um sorvete muito famoso no Recife, PE. A espécie é típica de clima tropical quente e úmido, aprecia sol pleno e propaga-se por sementes.

Pitombeira cultivada no bairro de Aldeia, em Recife, PE

Ao ser comercializada, a pitomba costuma ser amarrada em cachos. Abaixo, bandeira de bloco carnavalesco de Olinda, PE, que homenageia a fruta

No verão, é comum encontrar vendedores de pitomba no Nordeste. Acima, vendedor na Praia da Boa Viagem, em Recife, PE. Abaixo, rua da mesma cidade

Tamarindus indica

Tamarindo

Família *Caesalpinioideae*

O tamarindeiro é uma árvore frondosa, de tronco grosso, muito ramificada, própria para ambientes amplos, pois proporciona grande sombreado. Nativa da África tropical, é muito cultivada no Brasil, principalmente no Nordeste. A espécie é muito longeva e atinge 25 m de altura.

As folhas são formadas por 10 a 18 pares de pequenos folíolos de aspecto delicado e muito ornamental. Já as flores, que se formam em inflorescências axilares no ápice dos ramos, são pequenas e têm coloração amarela com listras alaranjadas ou vermelhas. São hermafroditas e apresentam botões florais cor-de-rosa-claro.

Os frutos, por sua vez, são vagens revestidas por uma casca grossa e quebradiça, fácil de remover. Eles medem de 5 cm a 15 cm de comprimento, ficam marrons quando maduros e não abrem naturalmente. Dentro da casca fica a polpa fibrosa, espessa, acidulada e de cor escura.

A época de floração e frutificação do tamarindo varia muito, porém é mais comum ver frutos no verão. Entre o surgimento das flores e o amadurecimento da vagem se passam 240 dias – por isso, é comum ver árvores com flores e vagens simultaneamente.

O tamarindeiro suporta longos períodos de seca, retirando do subsolo a água necessária a sua sobrevivência. A espécie aprecia clima tropical quente e úmido, sol pleno e se propaga por sementes, estaquia e enxertia. Porém, a última técnica é a mais indicada por manter as características da planta-mãe.

Muito apreciado, especialmente na região Nordeste, o tamarindo pode ser consumido ao natural e tem amplo uso na culinária, seja na forma de sorvetes, doces, licores, bolos, pastas, aromatizantes de bebidas, batidas, molhos para carnes e peixes e tempero para arroz e outros pratos.

O tamarindo tem amplo uso na culinária, em especial no Nordeste. No interior da fruta, há uma polpa ácida que pode ser consumida ao natural

Theobroma grandiflorum

Cupuaçu

Família *Malvaceae*

O cupuaçuzeiro é uma das frutíferas mais cultivadas em toda região amazônica, de onde é nativo. Atinge até 18 m de altura em seu hábitat, mas, quando cultivado em pomares e jardins, chega no máximo a 8 m. A árvore tem tronco reto e curto, copa aberta e ramos a 50 cm do solo, o que facilita os tratos da planta e a colheita dos frutos.

As folhas do cupuaçuzeiro são grandes – medem de 12 cm a 25 cm de comprimento e de 10 cm a 12 cm de largura – lisas na parte superior e encobertas por uma fina pelugem na face inferior. Já as flores se reúnem em grupos de dois ou quatro inflorescências que se formam nos ramos das árvores. São grandes e surgem a partir de setembro. A frutificação vai de dezembro a abril.

O cupuaçu é uma baga oval alongada de 10 cm a 25 cm de comprimento. Tem coloração marrom, casca dura, áspera e lenhosa, que requer o auxílio de ferramentas para ser aberta. Sua polpa é extremamente apreciada pelas populações amazônicas e faz muito sucesso em outras regiões, onde é encontrada embalada e congelada. Ela tem mais de 50 usos culinários em pratos doces e salgados, entre os quais o creme e o sorvete de cupuaçu.

A espécie é típica de clima tropical úmido e pode ser cultivada sob sol pleno ou meia-sombra. Propaga-se por sementes ou enxertia. Todo mês de maio, a cidade de Presidente Figueiredo, AM, realiza a festa do cupuaçu. O sucesso da fruta é tão grande que já houve tentativa internacional de registrar o nome, o que obrigaria os brasileiros a pagar para usar o nome cupuaçu.

Cultivado em pomares ou jardins, o cupuaçuzeiro cresce bem menos. Seus frutos surgem em dezembro e têm polpa muito apreciada no Amazonas

O formato e a cor dos frutos dependem da variedade, que pode ser amarela ou roxa

Theobroma cacao Cacau Família *Malvaceae*

Nativo da região amazônica, o cacaueiro é uma arvoreta de até 6 m de altura que se desenvolve sob a sombra de árvores maiores. É bastante ramificado e, após determinado crescimento, emite cinco ramos que formam uma copa arredondada. No Norte e Nordeste, é cultivado como planta ornamental em jardins.

Suas folhas alternadas e simples são grandes, medindo entre 15 cm e 25 cm de comprimento. Apresentam estrias definidas, ápice atenuado e são pendentes. As flores se formam no tronco e nos ramos, em fascículos ou isoladas. São pequenas, branco-amareladas, com detalhes internos rosa. Têm pedúnculo longo e são polinizadas por moscas do gênero *Forcipomya*.

O cacau é um fruto alongado com sulcos longitudinais. Mede de 10 cm a 30 cm de comprimento e de 7 cm a 20 cm de largura. Sua casca é grossa e rugosa, de coloração amarela ou vermelho-escura. O fruto não se desprende da planta-mãe de forma natural e pode pesar de 200 g a 400 g. Em seu interior, ficam cerca de 40 sementes envoltas por polpa branca, acidulada doce, fibrosa, própria para consumo ao natural ou na forma de sucos, sorvetes, geleias, doces e bolo. Após a secagem, as sementes são processadas dando origem ao cacau em pó e à manteiga de cacau.

O chocolate é um derivado do cacau que faz sucesso em todo o mundo, seja na forma sólida ou de bebida quente. Juntamente com o café, é uma das bebidas mais populares ao redor do globo. O cacaueiro é típico de clima tropical úmido. Pode ser cultivado sob meia-sombra ou sombra e propaga-se por sementes.

A folhagem do cacau, uma arvoreta de até 6 m de altura, o fruto aberto e, na página ao lado, a polpa e as sementes que dão origem ao chocolate

Vitis vinifera

Uva

Família *Vitaceae*

Essa trepadeira de caule resistente, lenhoso e escuro é originária da Europa e Oriente Médio. Tem vida longa e depende de estruturas horizontais para se desenvolver com suas gavinhas. Além disso, requer podas anuais no período em que perde as folhas. As videiras são típicas de clima temperado, mas existem cultivares adaptados para regiões quentes, como a tropical. Muito resistente, a espécie vai bem tanto em altas temperaturas quanto em frio intenso, inclusive abaixo de zero graus. É uma das plantas mais antigas do mundo, conhecida desde 8 mil a.C. No Brasil, foi introduzida em São Vicente, SP, em 1532, e espalhou-se para o restante do país. Hoje é cultivada principalmente nas regiões de clima frio, como a Sul. Mas pode ser encontrada em jardins, pomares e quintais de todo o país encobrindo caramanchões, garagens e até arcos nas entradas das casas.

As folhas da videira apresentam formatos e tamanhos variados e caem no inverno, para rebrotar na primavera. Já as flores masculinas e femininas são delicadas e se formam em cachos verticais virados para cima, para facilitar a polinização – o tamanho deles depende da variedade. Os frutos, que surgem no verão, são bagas ovais ou arredondadas de tamanho e coloração variados – existem uvas verdes, pretas, vermelhas, amarelas, roxas, cinza... Elas podem ser ácidas, adocicadas e apresentar, ou não, sementes. São consumidos ao natural, usados na fabricação de sucos, vinhos, champanhes e licores. Já as folhas da videira são usadas no preparo de charutos, um prato típico da cozinha árabe.

A videira adapta-se a diversos tipos de clima, mas requer sol pleno. A propagação se dá por enxertia. Desde 1930, sabe-se que a região de Petrolina, PE, e Juazeiro, BA, são propícias para a produção de uvas. Porém, apenas em 1950 foram feitos os primeiros experimentos e, na década de 1970, iniciada a produção local de vinhos. Isso trouxe um grande desenvolvimento para a região, onde sistemas de alta tecnologia são usados para irrigar os parreirais com água do Rio São Francisco. As plantas entram em dormência quando a água é retirada e produzem mais de uma safra por ano, com uvas de alta qualidade tanto para consumo ao natural quanto para a fabricação de vinho.

Acima, uva da variedade 'Black Seedles', que não tem sementes. Abaixo, cultivo de uva-itália na cidade de São Miguel Arcanjo, SP

Variedade 'Festival sem Sementes'

Variedade
'Maria'

Variedade
'A Dona'

Acima, variedades 'Centonial', 'Crimson sem Sementes' e 'Ruby Cabernet' – essa última, usada na fabricação de vinhos. Abaixo, cachos da 'Niágara'

Parreiras na vinícola Góes, em São Roque, SP. Para o plantio de uvas, é essencial que o local seja bem ensolarado

Ziziphus joazeiro Juá, joá Família *Rhamnaceae*

O juazeiro é uma árvore espinhosa que mede entre 4 m e 10 m de altura e cresce espontaneamente em todos os estados do Nordeste brasileiro, região de onde é originário, bem como no norte de Minas Gerais. Seu tronco tem 60 cm de diâmetro, casca lisa, cinza e escura e é curto. Já a copa é frondosa, com as folhas sempre verdes.

A espécie é uma das principais representantes da flora da Caatinga. Apresenta flores pequenas, amareladas e melíferas que surgem em inflorescências nas axilas das folhas, que se abrem no verão. Os frutos são drupas pequenas, de 1 cm a 2 cm e cerca de 2 g. Ásperos, têm coloração que varia de amarelado a castanho e polpa comestível, de cor creme. A semente ou caroço, de cerca de 1 cm de diâmetro, tem o mesmo formato da fruta.

O juá é muito apreciado em suas áreas de ocorrência por ser uma fruta doce, nutritiva e rica em vitamina C. Ele também representa importante função econômica e social no semiárido brasileiro, pois serve de alimento para rebanhos de caprinos, bovinos e animais silvestres, como a ema, o veado, o tatu e a raposa.

Típico de clima seco, o juazeiro tolera clima semiúmido, mas deve ser sempre mantido sob sol pleno. Propaga-se por sementes que devem ser semeadas logo após a colheita – a germinação ocorre em 20 dias – e por brotações no tronco.

Juazeiro fotografado na cidade de Curaçá, BA

Os galhos espinhosos e flores delicadas do juazeiro: ótimas representações da Caatinga. Abaixo, os frutos doces e ricos em vitamina C

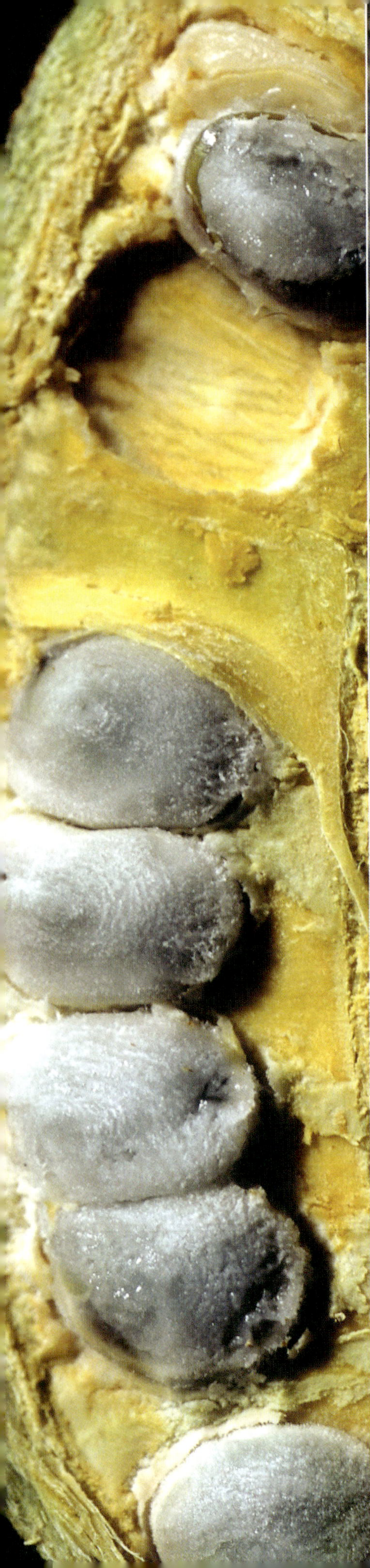

Índice de nomes populares do volume 2

Índice geral

As páginas 1 a 144 referem-se ao volume 1 e as 145 a 281 ao volume 2

Cultura popular

Algumas menções de frutas na literatura e na música brasileiras

Quem apareceu antes do almoço e ficou para almoçar foi Mirandão, visita rara. Viera com a esposa e com os filhos, um dos quais afilhado de Dona Flor, lhe ofertava sapotis e cajá, além de uma gola de crochê, trabalho fino da comadre.
Jorge Amado, *Dona Flor e seus dois maridos*, 1966

Cajus, não há fruta igual para a saúde. A não ser jenipapo, que cura até doença do peito. Você precisa comer jenipapada para ficar forte. E o gosto? Para mim, não há nada mais gostoso. Vamos comprar agora mesmo; o jenipapo quanto mais encarquilhado melhor. Tieta escolhe, conhecedora.
Jorge Amado, *Tieta do Agreste*, 1977

Os mandacarus (Cereus jamacarus) atingindo notável altura, raro aparecem em grupos, assomando isolados acima da vegetação caótica, são novidade atraente, a princípio. Atuam pelo contraste. Aprumam-se tesos, triunfalmente, enquanto por toda a parte a flora se deprime.
Euclides da Cunha, *Os Sertões*, 1902

Frutas da estação: abacaxis, figos e laranjas seletas, rivalizando com as maçãs, peras e uvas de importação, ornavam principalmente a refeição meridiana que os costumes estrangeiros substituíram à nossa brasileira merenda da tarde (...)
José de Alencar, *Senhora*, 1875

Eu nem tinha começado a conversar com aquela moça, e a poeira forte que deu no ar juntou nós dois, num grosso rojo avermelhado. Então eu entrei, tomei um café coado por mão de mulher, tomei refresco, limonada de pera-do-campo. Se chamava Nhorinhá..."
João Guimarães Rosa, *Grande Sertão: Veredas*, 1956

(...) essas choupanas ficam debaixo dos coqueiros, rodeadas de maciços de anonáceas, que lhes fornece, sem nenhum trabalho, doces e suculentos frutos, bastando para isso levantar à mão – fruta-do-conde ou ata, chamada também pinha – ou de outra espécie, cujo fruto se chama graviola, uma fruta muito maior, que, quando madura, tem sabor agridoce muito agradável.
Robert Avé-Lallemant, *Viagem pelo Norte do Brasil no ano de 1859*

Da manga rosa quero o gosto e o sumo
Melão maduro sapoti juá
Jabuticaba teu olhar noturno
Beijo travoso de umbu-cajá
Pela macia ai carne de caju
Saliva doce doce mel mel de uruçu
Linda morena fruta de vez temporana
Caldo de cana-caiana
Vem me desfrutar
Linda morena fruta de vez temporana
Caldo de cana-caiana
Vou te desfrutar
Morena tropicana
Eu quero teu sabor
Alceu Valença e Vicente Barreto, *Tropicana*, 1982

Juazeiro, juazeiro
Me arresponda, por favor
Juazeiro, velho amigo
Onde anda o meu amor
Ai juazeiro
Ela nunca mais voltou
Luiz Gonzaga e Humberto Teixeira, *Juazeiro*, 1948

Mandacaru quando fulora na seca
É o siná que a chuva chega no sertão
Toda menina que enjoa da boneca
É o siná que o amor
Já chegou no coração.
Ela só quer, só pensa em namorar
Ela só quer, só pensa em namorar
Luiz Gonzaga e Zé Dantas, *O xote das meninas*, 1953

Abacateiro acataremos teu ato
Nós também somos do mato como o pato e o leão
Aguardaremos, brincaremos no regato
Até que nos tragam frutos teu amor, teu coração
Abacateiro, teu recolhimento é justamente
O significado da palavra temporão
Enquanto o tempo não trouxer teu abacate
Amanhecerá tomate e anoitecerá mamão
Abacateiro, sabes ao que estou me referindo
Porque todo tamarindo tem o seu agosto azedo
Cedo, antes que o janeiro doce manga venha ser também
Abacateiro, serás meu parceiro solitário
Nesse itinerário da leveza pelo ar
Abacateiro, saiba que na refazenda
Tu me ensina a fazer renda que eu te ensino a namorar
Refazendo tudo
Refazenda
Refazenda toda
Guariroba
Gilberto Gil, *Refazenda*, 1975

Referências

AMADO, P. J. *As Frutas de Jorge Amado ou o Livro de Delícias de Fadul Abdalla.* São Paulo: Companhia das Letras, 1997.
BONAVENTURE, LEON. *A Cultura da Cherimoia e de seu híbrido a Atemoia.* São Paulo: Nobel, 1999.
BONDAR, G. *Palmeiras do Brasil.* São Paulo: Instituto de Botânica/Secretaria de Agricultura do Estado de São Paulo, 1964.
BRAGA, R. *Plantas do Nordeste*, especialmente do Ceará. Fortaleza: Esam, 1976.
BRASIL. *Produtos Potenciais da Amazônia: Açaí, acerola, pupunha, camu-camu, guaraná, castanha, graviola, cupuaçu.* Brasília: MMA/SUFRAMA/SEBRAE-AM/GTA,1998.
BRUNO, H. *Equipamentos, usos e costumes da casa brasileira. Vol. 1: Alimentação.* São Paulo: Museu da Casa Brasileira, 2000.
CARVALHO, J. E. U. de; MULLER, C. H.; NASCIMENTO, W. M.O. do. *Classificação de sementes de espécies frutíferas nativas da Amazônia de acordo com o comportamento no armazenamento.* Belém: Embrapa CPATU, 2001. Comunicado Técnico 60.
CASCUDO L. da C. *História da alimentação no Brasil.* Belo Horizonte/São Paulo: Itatiaia/Edusp, 1983, volume 1.
______. *Antologia da Alimentação no Brasil.* Rio de Janeiro: Livros Técnicos e Científicos, 1977.
CAVALCANTE, P. B. *Frutas Comestíveis da Amazônia.* Vols. I, II, III. Belém: MPEG, 1979.
CLEMENT, C.R. *Frutas da Amazônia.* Ciência Hoje. São Paulo, 08. 1992, p. 28-37.
CORRÊA, M. P. *Dicionário de Plantas Úteis.* Rio de Janeiro: IBDF, 1975. 6 volumes.
CUNHA, E. da. *Os Sertões.* 9ª ed. São Paulo. Cultrix, 1993.
DONADIO, L. C. et al. *Frutas Brasileiras.* Jaboticabal: Fábrica de Palavras, 2002.
GUIMARÃES ROSA, J. *Grande Sertão: Veredas.* Rio de Janeiro: José Olympio, 1970.
HOENE, F. C. *Frutas Indígenas.* São Paulo: Instituto de Botânica de São Paulo, 1979.
JOLY, A.B. *Botânica – Introdução a taxonomia vegetal.* São Paulo: Nacional, 1985.
LORENZI, H. *Árvores Brasileiras.* São Paulo: Plantarum, 1998, 3 volumes.
______. *Palmeiras no Brasil nativas e exóticas.* Nova Odessa, SP: Plantarum, 1996.
LORENZI, H. et al. *Frutas brasileiras exóticas cultivadas.* São Paulo: Instituto Plantarum de Estudos da Flora, 2006.
PESCE, C. *Oleaginosas da Amazônia.* Belém: Oficina Gráfica da Revista Veterinária, 1941.
ROMAHN, V. *A grande enciclopédia ilustrada das plantas & flores.* São Paulo: Editora Europa, 2011.
SHANLEY, P.; MEDINA, G. *Frutíferas e plantas úteis na vida amazônica.* Belém: Cifor/Imazon, 2005.
SILVA,S. *Frutas Brasil Frutas.* Hernani Donato. São Paulo: Empresa das Artes, 1991.
______. *Frutas da Amazônia Brasileira.* Revisão científica José Edmar Urano de Carvalho. São Paulo: Metalivros, 2011.
______. *Árvores da Amazônia.* Texto Noemi Vianna Martins Leão. São Paulo: Empresa das Artes, 2006.
SILVA, S; TASSARA, H. *Frutas Brasil Frutas 11.* São Paulo: Empresa das Artes, 2005.
VIEIRA, R. F., et al. *Frutas Nativas da Região Centro-Oeste.* Brasília: Embrapa Publicações, 2010.
VILLACHICA, H. *Frutas y Hortalizas Promisorios de La Amazonia.* Lima: Oficina Regional de La FAO para America Latina e Caribe, 1996.

Agradecimentos

Ailton Andrade, Alberico Azevedo, Camila Bortolini, César Saullo, Danilo Angrimani, Dora Dimand, Domingos Sanches Pena, Edla Azevedo, Eliane Azevedo, Evandro Ferreira, José Fonseca, José Edmar Urano de Carvalho, José Luiz Hernandez, José Raimundo de Pina, Jussara Angrimani, Laura Molina Meletti, Leon Bonaventure, Luiz Carlos Silveira, Luis Bacher, Marcelo Nogueira, Mariana Pabst Martins, Nagib Audi (*In memorian*) da Fazenda Santa Gertrudes (Morungaba, SP), Regina Vilela, Sandro Coutinho, Thaysa Coutinho e à dupla Natália e Valentina Campos Marchi (minha filha e neta queridas)

ABPM – Associação Brasileira dos Produtores de Maçã (Fraiburgo, SC)
Associação Agrícola de Valinhos e Região (SP)
Associação de Turismo Rural Circuito das Frutas
CAPTA – Centro Avançado de Pesquisa Tecnológica do Agronegócio de Frutas (Jundiaí, SP)
CATI – Casa da Agricultura de Guararema (SP)
CEAGESP – Centro de Entrepostos e Armazéns Gerais do Estado de São Paulo (SP)
Chácara Carbonari (Jundiaí, SP)
Chácara Piraraquara (Guararema, SP)
Centro de Citricultura Sylvio Moreira (Cordeirópolis, SP)
COMARU – Cooperativa Mista de produtores extrativistas do Rio Iratapuru/Amapá
Embrapa Agroindústria Tropical (Fortaleza, CE)
Embrapa Cerrados (Planaltina, DF)
Embapa Recursos Genéticos e Biotecnologia (Brasília, DF)
Embrapa Amazônia Oriental (Belém, PA)
Embrapa Semiárido (Petrolina, PE)
ESALQ – Escola Superior de Agricultura Luiz de Queiroz (Piracicaba, SP)
FAPEA – Fundação de Amparo à Pesquisa do Estado do Amazonas
Fazenda Citra/Dierberger (Limeira, SP)
Fazenda Bom Jardim (Bom Sucesso, MG)
Grupo JD (São Paulo, SP)
Jardim Botânico do Instituto Agronômico de Campinas (Campinas, SP)
IBRAF – Instituto Brasileiro de Frutas
INPA – Instituto Nacional de Pesquisas da Amazônia (Manaus, AM)
Instituto de Botânica de São Paulo
Reserva Biológica e Estação Experimental de Mogi-Guaçu São Paulo
Instituto Inhotim (Brumadinho, MG)
Instituto Oikos de Agroecologia (Lorena, SP)
Jardim Botânico (Rio de Janeiro, RJ)
Museu Paraense Emilio Goeldi (Belém, PA)
Parque Villa-Lobos – Secretaria do Meio Ambiente (São Paulo, SP)
Revista *Terra da Gente* (Campinas, SP)
SANJO – Cooperativa Agrícola São Joaquim (São Joaquim, SC)
Sítio São Vicente (Jundiaí, SP)
USP – Universidade de São Paulo (São Paulo, SP)